세상은 소비하는 사람이 아니라
아웃풋 하는 사람이 바꿉니다.

렘군

초판 한정! 아웃풋 법칙 온라인 워크숍
렘군과 함께 당신의 아웃풋 법칙을 찾아라!

이벤트 신청 방법

1 QR코드를 찍고 설문품에서 당신의 고민을 적습니다.
2 렘군과 함께하는 워크숍 당첨을 기다립니다.

이벤트 일정 안내

2023.5.18(목)까지! 2023.5.22(월) 발표(20명, 소규모 인원 특별 만남)
★ 2023.5.24(수) 저녁 8시 온라인 ZOOM 워크숍

- 본 이벤트는 오직 초판 한정 이벤트로, 각자의 고민에 따른 아웃풋 법칙을 처방받습니다.
- 당첨자에게 문자로 '접속 링크'를 개별 안내해 드립니다.

아웃풋 법칙

THE
아웃풋 법칙

평범한 사람도 압도적 성공으로 이끈
단 하나의 원리

김재수(렘군) 지음

LAW OF
OUTPUT

더퀘스트

아웃풋

OUTPUT[áutpùt]

[명사]

1. 타인을 위해 제공하는 상품, 서비스, 콘텐츠 등의 결과물
2. 세상과 연결되도록 노력하는 행위. 또는 그러한 시간 및 산출물

아웃풋하다

OUTPUT[áutpùt -하다]

[동사]

1. 타인을 위해 상품, 서비스, 콘텐츠 등을 제공하는 행위

2. 나의 정체성을 세상에 알리는 행위

3. 소비자 영역에 있었던 사람이 생산자 영역으로 서기 위한 행동

※ 이 책에서 정의하는 '아웃풋'과 '아웃풋하다'의 의미는 위와 같다.

들어가며

소비자의 삶에서 생산자의 삶으로

휴대폰에 알람이 울린다. 월세 입금 문자다. "2,750만 원이 입금되었습니다." 매번 입금되는 날짜가 정확하다. 입금자명은 'sec'으로, 현재 임차인은 삼성전자다. 1,000평 이상의 공장을 임대해준 대가로 들어오는 수익이다.

예전에 나는 삼성과 같은 대기업의 직장인이었다. 그들이 임차한 건물 속으로 들어가 일을 하고, 한 달에 한 번씩 정확한 날짜에 월급을 받았었다. 그로부터 십여 년 후, 이제 나는 대기업 계열사의 한 공장에 임대를 준 임대인이 되었다.

놀랍게도 내 직업은 이뿐만이 아니다. 수강생 3만 명 이상을 배출한 교육 사업가, 30만 명의 구독자를 보유한 유튜브 운영자, 10만 부의 판매고를 올린 베스트셀러 작가 등 많은 일을 동시에 하고 있다. 수익은 내 시간과 분리되어 발생하며, 이제는 일을 따로 하지 않아도 돈 걱정은 하지 않는다.

그럼에도 나는 여전히 열심히 일한다. 정확히 말하면 내가 하는 모든 일을 '일'이라고 생각하지 않는다. 좋아하는 것만 하기 때문이다. 이 좋은 일을 어떻게 하면 더 잘할 수 있을까? 어떻게 하면 더 많은 사람에게 도움을 줄 수 있을까? 그런 생각만 한다.

그래서 매일이 즐겁다. 당연히 처음부터 이런 삶을 살았던 것은 아니다. 회사-집, 회사-집을 오가며 무의미한 시간을 보냈다. 언제 벗어날 수 있을지 모르는 안개 속에서 막연하게 다른 삶을 꿈꿨다. 다른 성공한 사람들처럼 좋아하는 일만 하면서 돈을 벌고 싶었지만 머릿속엔 늘 이런 생각뿐이었다.

'난 특별히 잘하는 게 없고, 그냥 평범한 회사원일 뿐이야.'
'나도 좋아하는 일만 하며 먹고살 수 있을까?'

과거의 나를 포함한 대부분은 자신에게 특별한 재능이 없다고 생각한다. 유튜브에 나오거나, TV에서 조명받는 사람들은 뭔가 날 때부터 달라서 성공했다고 여기기도 한다. 하지만 이제 나는 그렇게 생각하지 않는다. 우리 모두에게는 아주 뛰어나지 않아도 각자만의 재능이 한두 개 정도는 있고, 그것만으로도 세상이 말하는 성공을 이룰 수 있다고 믿는다.

나 또한 한때는 공부에는 영 재능이 없는 개발 직군의 회사원에 불과했으나 현재는 하고 싶은 일만 하며 자유롭고 풍요로운 인생을 살고 있다. 뿐만 아니라 나처럼 평범했던 사람들이 자신의 강점을 찾아 성공적인 삶을 사는 모습을 주위에서 많이 목격하고 있다.

강점과 재능을 활용해 원하는 삶을 사는 사람들

수년 동안 내가 운영하는 커뮤니티에서 지금과는 다른 인생을 살고 싶지만 그 방법을 모르는 사람들의 시작을 돕는 프로젝트를 진행하고 있다.

이 프로젝트는 그들의 도전을 밀착 컨설팅하여 원하는 인생을 살게 하는 데 목표를 둔다. 프로젝트에 참가한 사람들은 자신에 대해 더 자세히 인식하고, 숨겨진 재능을 발견하게 된다. 나아가 원하는 목표에 다다를 수 있는 강력한 힘을 얻는다. 수많은 사례들을 통해 나는 평범한 사람도 무엇이든 해낼 수 있다는 강한 희망을 얻었다.

처음 만났을 때 그들은 대부분 자신의 장점조차 제대로 인지하지 못하고, 끊임없이 무엇을 할지 고민만 하는 상태였다. 새벽같이 일어나 무의미한 일만 하는 현 상황이 답답하고 견디기 힘들었지만 거기서 벗어나는 방법을 알지 못해 방황하고 있었다.

무언가를 결심했다가 흐지부지되고, 시작했다가 좌절하는 등 무한 굴레의 연속이었다. 그러나 시간이 지나며 자신의 것을 창조하고 생산하면서 그들은 하루가 다르게 달라졌다. 세상의 작동 방식을 이해하고, 그 안에서 기회를 찾으니 더 이상 좌절의 굴레에 빠지지 않게 됐다.

그들은 스스로 만든 벽을 허물고, 세상과 연결되기 위해 노력했다. 내가 무엇을 잘하는지 고민하고, 아주 작은 것이라도 세상에 선보였다. 어떤 사람들은 매일 글을 썼고, 어떤 사람들은 하루 한 번 상품을 올렸고, 어떤 사람들은 작은 사업을 시작하는 등 그 방법은 천차만별이었다. 하지만 모두가 꾸준히 피드백을 받으며 성장해나갔다는 점은 동일했다.

그들에게 가장 먼저 생긴 변화는 활력이었다. 축 처진 어깨와 근심이 가득했던 개개인의 표정은 기쁨으로 빛이 났고, 구성원들은 그다음에 무엇을 할지 궁리하고 서로 응원했다. 이러한 노력이 어느 정도 궤도에 오르자, 그들의 삶은 이전과 달라졌다. 좋아하는 일을 하면서 먹고사는 방법을 알게 됐으며, 시간에서도 자유로운 인생을 살고 있다.

사실 이 프로젝트는 꾸준히 계속할 의지가 강한 사람만이 참여하는데도 이를 끝까지 완수한 사람은 소수에 불과하다. 그만큼 실행하기가 쉽지 않다는 뜻이다. 하지만 그 결실은 엄청나다.

비밀은 '아웃풋 법칙'에 있었다

이 사람들을 만나면서 나는 왜 누군가는 제대로 된 시작을 하고 누군가는 생각만 하다 시작조차 못하는지 궁금해졌다. 또 똑같이 시작을 했지만 그중 일부만 성공을 거두고 대다수는 포기를 하는지도 궁금했다. 그들의 역량은 비슷해 보였지만 결과는 너무나도 달랐다.

왜 이러한 차이가 나는 걸까. 자세히 들여다보니 비밀은 '아웃풋 법칙'에 있었다. 내가 현재의 위치에 있을 수 있는 것도 이 법칙 덕분임을 깨달았다.

그렇다면 '아웃풋 output'이란 무엇일까. 아웃풋의 사전적 정의는 '원자재, 노동력 따위의 생산 요소를 투입하여 만들어 낸 재화나 서비스'다. 나는 이를 조금 더 확장해서 이해한다. 내가 인생 전체에서, 그리고 이 책을 통해 사용하는 아웃풋의 의미는 아래와 같다.

'타인을 위해 제공하는 상품이나 서비스, 콘텐츠 등의 결과물, 세상과 연결되도록 노력하는 행위 또는 그러한 시간 및 산출물.'

이때 방점은 '타인을 위해, 세상과 연결되도록'이다. 단순한 산출물 혹은 결과물이 아니라 '타인'과 '세상'이라는 키워드가 결합했을 때, 진정한 아웃풋이 성립된다.

끊임없이 세상이 원하는 것을 만들어내며, 그것으로 세상과 소통하는 사람은 아웃풋 영역에 속한 사람들이다. 이들은 '소비자'가 아닌 '생산자'의 영역에 서서 다양한 가치관으로 자신만의 강점을 발휘하며 살아간다. 가능성이 무한하고 경쟁이 덜한 '피라미드 바깥세상'에서 풍요롭고 자유롭게 살아가는 것이다.

광활한 기회의 땅을 찾아서

우리가 사는 세상은 흔히 계층이 나눠진 피라미드에 비유되곤 한다. 하지만 '진짜 세상'의 모습은 피라미드 하나가 아니다. 피라미드로 이루어진 세상이 있고, 피라미드 바깥의 세상이 또 존재한다.

인간 사회의 피라미드는 자연 발생이 아닌 누군가에 의해 설계되었다고 볼 수 있다. 신흥 자본가, 전문가 집단 등 피라미드 상위의 사람들이 바로 그 장본인이다.

평범한 사람들은 두 가지의 갈림길에 서게 된다. 첫째는 상위 포식자들에게 밀려 피라미드 하위에서 살아가는 것, 둘째는 피라미드 바깥으로 뛰쳐나오는 것이다. 다행히도 희소식이 있다. 피라미드 바깥은 지옥이 아니라 오히려 광활한 기회의 땅이라는 사실이다. 그곳은 평생 아웃풋을 하는 사람들, 즉 생산자 영역의 사람들이 사는 삶의 터전이다.

피라미드 세상에 갇힌 사람은 대부분 아웃풋보다는 인풋, 즉 소비에 집중한다. 고급 취향을 가지거나 명품 아파트에 사는 것 등 얼마나 좋은 물건, 서비스를 얻을 수 있는지에 관심이 많다. 그러다 보니 무언가를 만들어내는 것에 대한 고민을 별로 하지 않는다.

반면 피라미드 바깥세상의 사람들은 일찍이 생산의 중요성에 눈을 뜨고 피라미드 안의 사람들이 좋아할 만한 수많은 것들을 만들어낸다. 지식이면 지식, 물건이면 물건 등 세상이 원하는 것이라면 그게 무엇이든 생산한다. 더 나아가 생산물을 통해 세상과 끊임없이 소통한다. 그리고 성장한다.

나는 운이 좋게 피라미드 바깥세상이 존재한다는 걸 조금 일찍 깨달았다. 그리고 그곳에서 자유를 얻었고, 부를 얻었으며, 결국 진짜 내 모습을 얻었다.

이 책에서는 아웃풋의 중요성을 계속해서 이야기할 것이다. 물론 평생 인풋만을 해온 사람 입장에서 갑자기 자기만의 아웃풋을 만들어낸다는 것은 매우 어려운 일일 테다. 아직 아웃풋의 개념조차 제대로 잡히지 않은 상태에서는 더더욱 그렇다.

그러므로 이 세상이 어떻게 구성되어 있고, 그 안에서 경제적 자유를 이룩할 만한 부를 이루려면 어떤 위치에 서야 하는지, 왜 인풋보다 아웃풋이 중요하며, 그 아웃풋을 만들어내기 위해서는 무엇을 어떻게 해야 하는지 단계별로 짚어볼 필요가 있다.

내가 '아웃풋 법칙 6단계'로 이름을 붙인 각 단계의 내용은 다음과 같다.

- 아웃풋 법칙 1단계: 피라미드 밖으로 뛰쳐나가라.
- 아웃풋 법칙 2단계: 성공의 사분면을 찾아라.
- 아웃풋 법칙 3단계: 나만의 정체성을 발견하라.
- 아웃풋 법칙 4단계: 세상을 향해 아웃풋하라.
- 아웃풋 법칙 5단계: 넘버원이 아닌 온리원이 돼라.
- 아웃풋 법칙 6단계: 저항을 완전히 무력화시켜라.

나는 그동안 내 주변 사람들을 피라미드 바깥으로 끌어내기 위해 많은 노력을 기울였다. 그들에게 왜 바깥세상으로 나와야 하는지 그 이유를 알려줬다.

피라미드 바깥세상을 궁금해하는 사람들은 내게 더 많은 이야기를 들려달라고 했다. 많은 이가 내 이야기에 관심을 보이며 찾아왔고, 내 생각에 공감하며 변화를 위한 행동을 실천에 옮겼다. 그 결과 지금 전혀 다른 삶을 살고 있다. 그들은 나에게 하나같이 이렇게 이야기한다.

"덕분에 피라미드 바깥세상이 있다는 걸 알게 됐고 왜 바깥세상으로 나가야 하는지도 명확히 깨닫게 됐습니다. 그리고 단 한 번도 지금의 선택을 후회하지 않습니다. 과거로 돌아가야 한다는 생각만 해도 끔찍합니다."

나는 그들을 통해 더 확신할 수 있었다. 세상의 본질을 이해하고 아웃풋의 법칙을 깨닫는다면, 능력이 부족하고 잘하는 게 특별히 없어도 그 누구든 원하는 삶을 살 수 있다고 말이다.

이 책의 활용법

나는 더 많은 사람에게 이 같은 사실을 전하기 위해 이 책을 쓰게 되었다. 이 책은 당신이 생산자 영역에 서겠다고 결심하는 데 도움을 줄 것이다. 또한 그것이 결심으로 끝나지 않고 행동으로 이어지려면 무엇을 해야 하는지 안내하는 훌륭한 지침서가 될 것이다.

이 책은 사람들이 미처 몰랐던 새로운 관점을 제시하는 내용으로 가득하다. 그러니 최소 세 번 이상 읽기를 권한다. 처음 읽을 때는 그냥 편안하게 읽어라. 기존에 갖고 있던 자신의 생각과 충돌이 생길 텐데, 그 충돌을 즐기며 읽었으면 좋겠다.

무엇이 다른지 그 다름을 직시하는 것도 방법이다.

두 번째 읽을 때는 기존의 생각을 비우면서 읽기를 권한다. 생각을 조금씩 의식적으로 덜어낸다면, 앞으로 마주할 '새로운 나'를 위한 공간이 생길 것이다.

세 번째 읽을 때는 무엇을 실행할지 메모하면서 읽어라. 책은 실행을 위해 읽는 것이지 단순히 지식을 쌓기 위해 읽는 것이 아니다.

이 인풋을 바탕으로 당신만의 아웃풋을 하나씩 만들어나가길 바란다. 그렇게만 한다면 앞으로의 삶은 물론이고 가족과 자녀들의 인생까지도 송두리째 바뀌게 될 것이다.

차례

피라미드 밖으로 뛰쳐나가라

성공의 사분면을 찾아라

3
단계

나만의 정체성을 발견하라

4 단계

세상을 향해 아웃풋하라

5 단계

넘버원이 아닌 온리원이 돼라

6단계

저항을 완전히 무력화시켜라

1단계

피라미드 밖으로
뛰쳐나가라

**내가 믿고 있는 세상 밖에
내가 모르는 세상이 존재한다.**

나는 101가지의 직업을 가지고 있다. 주변 사람에게 농담 삼아 하는 얘기지만 그렇다고 완전히 틀린 말은 아니다. 실제로 다양한 일을 하며 그곳에서 충분한 수익을 내고 있다. 정확히 101가지까지는 안 되지만 내가 필요하다고 느끼면 무슨 일이든 할 수 있다. 나의 우선순위에 달렸을 뿐 할 일이 없어서 고민하는 경우는 없다.

많은 사람이 현재의 직업 말고, 새롭게 무슨 일을 할 수 있을지 고민한다. 그런 사람을 볼 때마다 예전 내 모습을 보는 것 같아 남 일처럼 느껴지지 않는다. 수년 전까지 IT 프로그램을 개발하는 개발자였던 나는 학창 시절부터 프로그램 개발을 좋아했고, 회사에서도 그것밖에 할 줄 몰랐다. 그때는 회사를 나오면 더더욱 할 게 없다고 생각했다.

하지만 지금은 그렇게 생각하지 않는다. 오히려 회사 밖이 발견되지 않은 기회의 땅이라고 여긴다. 혹시 과거의 나와 같은 생각에 사로잡혀 있는 사람이 있다면 이 책을 끝까지 읽기를 바란다. 그동안 당신이 얼마나 갇힌 생각을 하고 있었는지 깨닫게 될 것이다.

나는 어떻게 101가지 직업을 가질 수 있을까

농담 반 진담 반으로 101가지 직업 이야기를 했는데 이게 어떻게 가능한지 들여다보자. 나는 7년 넘게 다양한 프로젝트를 해오고 있다. 그때마다 프로젝드에 맞는 툴을 개발하고 적용해 서비스를 구체화했다. 예를 들면 뉴스레터를 발행하거나, 빅데이터를 수집 및 배포하는 등의 일을 하는 것이다.

서비스의 주제도 다양하다. 스터디 플랫폼, 교육 플랫폼, 부동산 빅데이터 사이트 등 시도했던 서비스의 개수가 적지 않다. 외주를 준 적도, 팀으로 개발에 참여한 적도, 혼자 하루만에 뚝딱 만든 적도 있다. 그래서 윅스, 워드프레스, 아임웹, 카페24 등 홈페이지를 쉽게 만들어주는 플랫폼들의 장단점을 잘 안다. 누군가 내게 간단한 홈페이지 제작 의뢰를 맡긴다면 어렵지 않게 서비스를 제공할 수 있다.

그뿐만 아니라 나는 현재 구독자 수 32만 명 채널의 유튜버이기도 하다. 지금은 일정 부분 외주를 주고 있지만 처음 몇 년간은 기획부터 영상 제작, 편집까지 모든 것을 혼자서 다 했다. 유튜브를 막 시작하려는 사람에게 기본적인 영상 제작에 대한 노하우를 전달할 수 있는 수준이다.

또한 두 권의 베스트셀러를 쓴 저자이기도 하다. 책을 내고자 하는 사람들에게 출판사와의 미팅은 어떻게 잡아야 하는지, 대중이 좋아하는 글은 어떻게 써야 하는지에 대해 잘 알려줄 수 있다. 벌써 크게 세 가지 직업이 생겼다. 여기서부터 생각을 해보자.

직업 1 직접 홈페이지 제작을 하거나, 신입을 고용해 가르치면서 제작을 맡기고 영업에 집중할 수 있다.

직업 2 소규모 사업자를 위해 홈페이지 제작 업체를 소개해주는 플랫폼을 만들 수 있다.

직업 3 매출이 두 배가 되는 홈페이지 카피 문구 작성과 스토리라인을 기획해 제공할 수 있다.

직업 4 홈페이지의 홍보를 위해 네이버 및 구글 광고 시스템을 활용하는 방법을 알려줄 수 있다.

직업 5 블로그 체험단 의뢰, SNS 마케팅 대행 등 세부 홍보기획안을 제공할 수 있다.

직업 6 사업을 확장시키려는 회사를 위해 개인사업자와 법인사업자 활용 노하우, 세금 관련 지식 등을 알려줄 수 있다.

직업 7 5인 이상 사업 규모에서 운용 가능한 스마트워킹 시스템을 컨설팅해줄 수 있다.

직업 8 이제 시작하는 창업가를 위해 스타트업 운영 노하우를 교육할 수 있다.

직업 9 1인 기업가에게 아이디어를 구체화하는 방법을 알려줄 수 있다.

직업 10 PDF로 전자책을 만들어 팔거나 판매 방법을 알려줄 수 있다. 최근에 무료 PDF 자료를 만들어 배포했는데 하루 만에 1만 5,000명이 신청했나.

직업 11 편집자 한 명을 고용해 출판사를 만들어 책을 발간할 수 있다.

직업 12 유튜브 초보자에게 30만 구독자를 모으는 노하우를 알려줄 수 있다.

직업 13 영상 편집 프리랜서로 일할 수 있다.

직업 14 유튜브 MCN 회사, 광고를 연결해주는 회사, 유튜버와 기업체 강연을 연결해주는 회사를 설립할 수 있다.

직업 15 내 집 마련을 원하는 사람에게 부동산 정보를 제공할 수 있다.

    간단하게 생각한 것만 해도 벌써 15가지나 된다. 위 항목에서도 세부적으로 더 많은 직업을 만들 수 있다. 같은 일을 해도 사람마다 노하우가 각양각색이다. 맞춤형 사업이 가능하다는 말이다.

    나는 101가지 직업 이야기를 했지만 애플의 창업자 스티브 잡스가 할 수 있는 일은 어떨까? 아마 무궁무진할 것이다. 기업, 마케팅, 제조, 영업, 판매, 생산, M&A, 개발, 디자인, 직원 관리, 협업, 소통, 시간 관리, 마인드컨트롤 등 분야를 막론하고 셀 수 없이 많다. 수많은 사람이 그의 생각을 하나라도 더 듣기 위해서 줄을 설 것이다. 잡스 정도라면 가능한 직업이 1만 가지도 넘을 것이다.

    큰 성공을 한 사람일수록 알려줄 수 있는 일이 많은 건 당연하다. 하지만 명심할 것이 있다. 커다란 성취를 이루지 않아도, 특별한 경험이 없어도 세상에 할 수 있는 일은 너무나 많다는 것이다. 믿기지 않겠지만 일단 이 사실을 믿어야 한다.

    특출나게 잘하는 일이 없어도 괜찮다. 누구나 남들보다 평균 이상으로 잘하는 일이 한두 개쯤은 있다. 너무 사소해서 못 찾고 있을 뿐이다. 세상에는 의외로 나의 도움을 필요로 하는 사람들이 많다. 상황과 환경을 먼저 생각하지 말고 내 도움을 필요로 하는 사람들만 생각하라. 할 수 있는 그 일을 바로 시작하라. 그렇게 하고 나면 또 다른 요청을 받게 될 것이다.

나도 당연히 처음부터 이 모든 것을 잘하지는 못했다. 하지만 다시 과거로 돌아간다고 해도 나는 같은 방법으로 성공할 것이다. 이제부터 어떻게 이 모든 게 가능했는지 하나씩 살펴보자. 먼저, 지금 우리가 사는 세계를 이해하는 것이 출발점이다.

경쟁만이 가득한 피라미드 세계

사람들이 생각하는 세상의 모습은 일반적으로 먹이사슬 형태의 피라미드 모양으로 되어 있다. 먹이사슬 그림이 어떻게 생겼는지 떠올려보자.

TV 프로그램 〈동물의 왕국〉을 본 사람이라면 누구나 알 수 있듯이 먹이사슬 하단에는 풀이 있다. 메뚜기나 토끼가 풀의 포식자가 되고 풀은 피식자가 된다. 토끼의 포식자는 뱀이고, 메뚜기의 포식자는 개구리다. 개구리의 포식자는 뱀이다. 뱀의 포식자는 매다. 먹이사슬 생태계 내에서는 언제나 먹는 쪽

그림 1-1 생태계의 먹이사슬 피라미드

과 먹히는 쪽이 있다. 그리고 그 모양은 마치 피라미드 모양처럼 위로 올라갈수록 개체 수가 적어진다.

그렇다면 인간 세계는 어떨까. 과거 신분제와 같이 지배계층과 피지배계층이 명확하게 나뉜 시대도 있었지만 오늘날은 누구나 평등한 사회다. 그럼에도 생활고로 매일매일 힘겹게 사는 사람이 있는 반면, 소수의 그룹은 전 세계 부의 80퍼센트 이상을 차지하고 있다. 이 모습을 동물의 먹이사슬에 대입해보면 언뜻 유사해 보이긴 한다. 그러나 비슷한 모양과 달리 생태계의 피라미드와 인간 세계의 피라미드가 작동하는 방식은 전혀 다르다.

생태계 피라미드는 서로가 잡아먹고 먹히는 관계다. 배고 픔을 즉시 해결하려고 한다. 뭔가를 잡아먹고 나면 당장의 배 고픔은 잊히지만 배가 고파지면 또다시 먹거리를 찾아나서야 한다.

그러나 인간 세계의 피라미드는 이와 다르다. 누군가를 잡 아먹지 않는다. 오히려 돈을 주고 일을 시킨다. 배고픔을 즉시 해결하지 않고, 피라미드 아래에 위치한 사람이 더 많은 돈을 벌어오도록 업무와 역할을 준다. 이러한 특성에 따라 결과는 사뭇 달라진다. 사자는 매번 배가 고파 먹이를 찾는 데 반해 소수의 인간 그룹은 항상 여유가 넘친다.

또 하나의 특별한 차이가 있다. 바로 경쟁이다. 동물도 먹 이를 먼저 잡아먹기 위해 경쟁을 한다. 경쟁에서 밀려 먹이를 찾지 못하면 굶어 죽는다. 하지만 먹이 경쟁만 할 뿐 상위 계 층으로 올라갈 수는 없다. 한 개구리가 다른 개구리보다 메뚜 기를 잡는 능력이 탁월하다고 해서 상위 포식자인 뱀이 될 수 없는 것과 같다.

하지만 인간 세계는 경쟁에서 이긴 사람이 피라미드 계층 에서 한 단계로 위로 올라선다. 대학교 진학 경쟁을 생각해보

라. 경쟁에서 이긴 사람은 좋은 대학을 가고 좋은 직업을 얻는다. 회사에 들어가서도 한정된 자리에서 진급 경쟁을 한다. 누군가 팀장을 달면 누군가는 만년 과장이 되어야 한다. 승리자가 있으면 실패자가 반드시 있다. 사업이나 창업을 해도 똑같다. 끊임없이 경쟁해야 한다.

혹자는 남들보다 열심히 해서 경쟁에서 이기면 될 일이지 열심히 하지 않은 사람까지 걱정해줄 필요가 있냐고 말하기도 한다. 물론 기본적으로 노력은 해야 한다. 하지만 아무리 노력을 해도 1등에서 50명까지만 딱 자르면 51등부터 100등까지는 낙오자가 되어버리기 마련이다. 사회가 만들어놓은 시스템에 적응을 못 한 것이지 인생의 낙오자가 되어야 할 사람들은 결코 아닌데도 말이다.

나는 어릴 때 나름 공부를 열심히 한 것 같은데 성적이 그다지 좋지 못했다. 학교 공부에서 뒤처진 결과는 인생 전반에 많은 영향을 미쳤다. 취업을 하고 나서도 회사 생활을 열심히 했지만 나보다 더 뛰어난 사람들은 어디에나 있었다. 진급 한번 하는 것도 내게는 쉽지 않았다. 좋아하는 일이라 하더라도 회사에서 내가 좋아하는 방식으로 할 수 있는 일이 거의 없었다. 누가 시키는 대로, 만들어진 틀 안에서만 움직여야 했다. 이런 상황에서 어떻게 좋은 성과가 나올 수 있겠는가.

그 당시에는 내가 바라보는 세상의 모습이 전부라고 생각했다. 그저 그런 학교에 입학을 하고 그저 그런 회사에 입사해서 그저 그런 일을 하다가 연차가 쌓여 진급을 하고 그렇게 인생을 마무리해야 하나 싶었다.

그러나 어느 순간, 나는 다르게 생각해보기로 했다. 정답을 몰랐기 때문에 거꾸로 생각하기로 한 것이다. 먼저 세상이 나에게 해주는 조언들을 비틀어서 생각해보기로 했다. 열심히 공부해서 좋은 회사 가라는 말, 그 말부터 의심해보기로 했다. 내게 그런 조언을 해줬던 사람 중 자기 삶에 만족하며 사는 사람은 없었다. 그들이 맞았다면 그들도 행복하게 살고 있어야 했다. 하지만 그렇지 않았다.

그러다 문득 깨달았다. 여태까지 당연하다고 생각했던 것들은 모두 당연하지 않다는 것을. 세상에 당연한 것은 없었다. 그리고 내가 전부라고 생각했던 피라미드 세상이 다가 아니며 그 바깥에 내가 모르는 다른 세상이 존재한다는 사실을 깨달았다.

그렇게 방향성을 찾지 못하고 막막함을 느끼던 시기에 한 영상을 우연히 보게 됐다. 스티브 잡스가 나온 영상이었는데, 내가 늘 보던 스티브 잡스와는 다른 모습이었다. 그는 수염이 덥수룩한 얼굴로 누가 봐도 방송국이 아닌 평범한 방 안 책상에 앉아서 자기 생각을 덤덤하게 이야기하고 있었다. 영상에서 그는 이렇게 말했다.

그림 1-2 내가 믿고 있는 세상(피라미드)과 내가 모르는 세상(피라미드 바깥세상)

"지금 당신이 삶life이라고 부르는 모든 것은 당신보다 똑똑하지 않은 사람들에 의해 만들어졌습니다. 당신도 세상을 바꿀 수 있고 세상에 영향을 미칠 수 있습니다. 그러려면 다른 사람들이 이용할 수 있는 당신만의 무언가를 만들어야 합니다. 이 진실을 깨닫는 순간, 당신의 삶은 영원히 바뀔 것입니다."

당시 나는 이것이 무슨 의미인지 정확히 이해하지 못했다. 몸에 전율이 일어났지만 무엇을 해야 하는지는 알 수 없었다. 다만 그 말이 내 인생에 엄청나게 중요해질 것이라는 사실을 알 수 있었다. 지금은 그가 무슨 말을 하려고 했는지 정확히 이해한다. 잡스의 말을 한마디로 정리하면 이렇다.

"다른 사람들이 이용할 수 있는 나만의 무언가를 만들 수 있다면 어떤 식으로든 세상에 영향을 미칠 수 있다."

앞으로 이 책에서 다룰 이야기는 그가 간단하게 이야기한 위 내용을 길게 풀어서 설명한 것이다. 과거의 나처럼 감동은 받았으나 무엇을 해야 할지 감을 못 잡는 사람을 위해 경험을 바탕으로 이야기를 풀어나가고자 한다.

당신이 바라보는 세상은 어떤 모습인가

피라미드에 대한 설명을 하려면 내 아버지에 대한 이야기를 하지 않을 수 없다. 아버지는 부모를 일찍 여의고 7남매의 장남으로 형제들을 책임져야 했다. 그는 중학교를 중퇴하고 이른 나이에 서울로 올라가 목공을 배웠다. 내가 기억하는 아버지의 모습은 늘 똑같았다. 새벽 5시 40분이면 오토바이에 연장을 싣고 현장으로 출근한다. 아버지는 예순일곱이 넘어서야 그 고된 일을 그만두셨다.

그는 누구보다 열심히 살며 늘 자식들에게 공부만 열심히 하라고 이야기했다. "공부를 잘해서 서울을 가야 되면 뒷바라지는 어떻게든 할 테니 너희는 아무 걱정 말고 공부만 열심히 하거라."는 말을 입에 달고 사셨다. 다행스럽게도 누나와 형이 공부를 곧잘 했다. 아버지는 그 무엇보다 자식들의 성적이 좋을 때 흐뭇해하셨다.

그런 아버지와 다르게 지금의 나는 아이들에게 학교 공부를 너무 열심히 할 필요는 없다고 말한다. 스무 살이 되기 전에 정말 좋아하는 것 한 가지만 찾아도 성공할 수 있다고, 다른 친구들이 모두 뭔가를 한다고 해서 그걸 꼭 따라 해야 할 필요는 없다고 말해준다.

왜 이렇게 극명한 차이가 나는 걸까? 단순히 아버지는 옛날 사람이고, 나는 요즘 사람이라 그런 걸까? 그것도 아니면 그때의 아버지보다 내 자산이 더 많아서일까? 모두 아니다. 어떤 상황에 놓였든지 나는 똑같은 말을 했을 것이다. 그 선택이 보다 나은 선택이라고 확신하기 때문이다.

세상을 바라보는 두 가지 관점

아버지가 바라본 세상의 모습과 내가 바라보는 세상의 모습은 분명 차이가 있다. 나는 생각에 잠겨 아이패드에 그림을 그리기 시작했다.

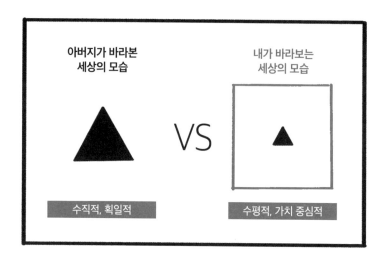

그림 1-3 아버지가 바라본 세상과 내가 바라보는 세상의 모습

그림 1-3의 왼쪽은 아버지가 바라본 세상의 모습이다. 피라미드만 존재한다. 오른쪽은 지금 내가 바라보는 세상의 모습이다. 피라미드가 가운데에 있고 바깥에 정사각형이 감싸고 있다.

아버지는 어떻게 하면 피라미드에서 위쪽으로 올라갈 수 있을까만을 고민했다. 아버지는 공부를 못해서, 학벌이 짧아서, 배운 게 이것밖에 없어서 현장에서 고된 일을 할 수밖에 없다는 이야기를 자주 했다. 그래서 자식들은 좋은 대학을 가고, 전문직을 선택해서, 더 편안하고 안정적인 일을 하기를 바랐다. 그 방법이 '공부'였던 것이다.

아버지에게 세상은 삼각형 모양의 피라미드만 존재하는 곳이었다. 피라미드 안의 세상은 재미난 특징이 있다. 그곳은 아웃풋보다 인풋을 강조하는 세상이다. 무언가를 주체적으로 생산하며 자유롭게 사는 삶보다 남들이 선망하는 조직 및 직함에 기대어 높은 연봉을 받으며 고가의 상품을 소비하는 삶을 이상적이라고 여긴다.

중·고등학교 때 블로그를 해보라고 조언하는 사람이 있던가? 취업하고 나서 유튜브를 권하는 사람이 있던가? 없다. 피라미드 안의 세상에서는 인풋만으로도 바빠서 아웃풋을 할시간이 없다. 사람들은 언제나 무언가를 배우고 있다. 코딩, 재테크, IT기술 등 새롭고 중요한 것들이 너무 많아서 이것저것 습득하다 보면 정작 아웃풋은 생각지도 못한다. 그러다 결국 지식을 온전히 내 것으로 만들지 못하고 그만두게 된다.

게다가 기업은 위에서 아래로 내려오는 구조다. 회사가 가야 할 방향이 정해졌을 때 어떻게 이를 전 직원에게 빠르게 전달할 수 있을까를 고민한다. 그만큼 탑다운의 성격이 강하다. 회사는 업무 외적으로 아웃풋하는 사람을 결코 좋아하지 않는다.

피라미드 안 세상의 두 번째 특징은 승자독식 구조로 이루어져 있다는 점이다. 피라미드 안에 있는 사람들은 사회가 만들어놓은 경쟁 체계에서 벗어나면 안 된다고 믿는다. 경쟁에서 이겨야 더 많은 것을 쟁취할 수 있으니 오직 그 길로만 가야 한다고 믿는 것이다. 그래서 경쟁에서 도태되면 그 순간 낙오자가 되어버린다. 1등이 있으려면 꼴등도 있어야 하는 법이다. 한번 경쟁에서 밀리면 따라잡기 어렵다.

당연히 이 중에 누군가는 어려운 경쟁을 이겨내고 맨 꼭대기의 자리에 오른다. 그 사람은 이렇게 이야기할 것이다. 당신도 나처럼 열심히 하라고, 당신도 할 수 있다고 말이다. 그 길도 분명 보람 있고 의미 있다.

그러나 내가 여기서 얘기하고 싶은 건 세상엔 다른 길들이 존재한다는 것이다. 상당수의 사람이 하나의 목표를 향해 달려가다가 경쟁에서 밀려나 결국 모든 것을 포기해버린다. 좌절한 그에게 그 길만 있는 게 아니라고, 다른 세상도 존재한다고 말해주고 싶다.

피라미드 바깥세상을 바라보라

내가 바라보는 세상의 모습은 아버지가 바라본 세상의 모습과 많이 다르다. 나는 피라미드의 바깥에 더 큰 세상이 존재한다고 생각한다. 피라미드 바깥세상엔 어떤 사람들이 있을까? 그곳엔 자신이 만들 수 있는 무언가를 생산해 피라미드 안의 사람들에게 제공하는 이들이 있다. 피라미드 안에 있는 사람들을 즐겁게 하거나, 문제를 해결하거나, 돈을 빌려주는 사람들이 있는 것이다. 물건이든 서비스든 제공할 수 있는 건 상상할 수 없을 정도로 다양하다.

물론 피라미드 세상 안에서도 이런 방법으로 돈을 벌고, 아웃풋을 하는 사람들이 있다. 그러나 그들은 피라미드 최상단의 위치한 소수로, 자신의 재능과 인프라를 쉽게 타인에게 제공하지 않는다. 그들의 성공 법칙은 집단의 기득권을 공고히 하는 방식으로 대대손손 전수된다.

반면 바깥세상에 있는 사람은 재능을 오로지 자신을 위해서만 쓰지 않는다. 그들은 타인에게 뭔가를 제공하고 그로 인해 더 많은 것을 얻는다. 또한 비록 피라미드 안에 있다고 하더라도 자신만의 무언가를 제공할 수만 있다면 언제든 피라미드 밖으로 나올 수 있다고 믿는다.

그렇다면 피라미드 바깥세상의 사람들은 도대체 무엇을 제공하는 것일까? 특별한 지식 혹은 상품이라도 있는 것일까? 누군가에게 뭔가를 제공할 때는 얼마나 알고 있는지, 많은 양을 가졌는지는 중요하지 않다. 인풋의 양이 적더라도, 별것 아닌 것처럼 느껴지더라도 세상의 모든 것은 아웃풋의 재료가 될 수 있다.

피라미드 바깥세상에서는 인풋을 많이 하는 것보다 단 하나라도 아웃풋을 하는 것이 더 중요하다. 내가 사람들에게 무엇을 도와줄 수 있는지, 그걸 얼마나 잘하는지 증명하기 위한 아웃풋 말이다. 세상에 나의 발자국을 남기려면 많은 노력이 필요하다. 이에 관해서는 '아웃풋 법칙 4단계'에서 더 자세하게 하겠다.

내가 바깥세상을 피라미드 삼각형보다 더 크게 그린 이유는 간단하다. 사람 수만 놓고 보면 피라미드 안이 월등히 많다. 최상단에 있는 사람들을 제외하면, 아니 모든 것을 가진 사람들조차 좁은 피라미드 안에서 위로 올라가기 위해 치열하게 경쟁하고 있는 모습이 상상된다. 그러나 시선을 밖으로 돌리면 완전히 다른 세상이 펼쳐진다.

전체 세상의 90퍼센트를 차지하는 바깥세상, 그곳에서의 경쟁은 피라미드 안보다 여유롭다. 위로 올라가지 않아도, 조금만 방향을 바꿔도 얼마든지 풍요롭게 먹고살 수 있는 길이 보인다. 그러다 보니 내가 무엇을 좋아하는지, 타인이 무엇을 원하는지 살펴볼 여유시간도 생긴다. 피라미드 밖에 터를 잡고 피라미드 안팎을 자유롭게 오가며 세상 사람들이 원하는 것을 끊임없이 제공한다.

인생을 주체적이고 풍요롭게 살고 싶다면 작은 삼각형 안에 머무르는 게 맞을까, 바깥세상으로 뛰쳐나가는 게 맞을까?

정답은 없다. 모든 사람이 바깥세상으로 나올 필요도 없을 것이다. 하지만 현재의 삶이 불만족스럽거나 지금과는 전혀 다른 인생을 살고 싶은 사람들은 대부분 피라미드 바깥세상을 선택했다.

당신이 살고 싶은 세상의 모습은 어떤지 생각해보자. 혹시 피라미드만을 바라보고 있는가? 그렇다면 평생 끝나지 않는 경쟁 속에서 살아야 할 것이다. 세상의 모습에 대해 제대로 생각해본 적이 없다면 재정립해야 한다.

내가 믿고 있는 세상 밖에는
내가 모르는 세상이 존재한다.
피라미드 안에서 벗어나
바깥세상에서 즐기는 법을 익혀야 한다.

누군가 10대 시절의 나에게 이런 이야기를 들려줬다면 나는 전혀 다른 인생을 살았을 것이다. 역사상 가장 위대한 투자자라 불리는 워런 버핏이 가장 후회하는 일이 바로 '주식을 11살 때부터 시작한 것'이라고 한다. 다시 태어날 수 있다면 다섯 살이나 일곱 살 때부터 주식을 시작하고 싶다고 그는 말한다. 웃기지 않은가. 그토록 돈이 많은 사람이 가장 후회하는 일이 한 살이라도 더 일찍 투자를 시작하지 않은 것이라니.

버핏의 수익률 그래프를 보면 왜 그런 말을 했는지 납득이 간다. 바로 복리 효과 때문이다. 복리 효과를 제대로 거두려면 일찍 시작하고 오래 해야 한다.

생산 활동도 그렇다. 하루아침에 잘하는 사람은 없다. 내공이 오랫동안 쌓이면서 잘하게 되는 것이다. 당신이 하루라도 빨리 생산 활동에 뛰어들어야 하는 이유가 바로 여기에 있다. 그것이야말로 자본주의 세상에서 살아남을 수 있는 가장 확실한 방법이기 때문이다.

SUMMARY

📁 **1단계. 피라미드 밖으로 뛰쳐나가라**

1. 세상은 피라미드(10퍼센트)와 피라미드 바깥세상(90퍼센트)으로 이뤄져 있다.

2. 피라미드 세상은 수직적이고 획일적이며 인풋을 중요시한다.

3. 피라미드 바깥세상은 수평적이고 다양하며 아웃풋을 중요시한다.

4. 피라미드 안팎의 세상에서 돈을 벌기 위해서는 사람을 즐겁게 해주거나, 그들의 문제를 해결해주거나, 자본을 빌려줘야 한다.

5. 생산자의 삶을 일찍 시작할수록 복리 효과를 볼 수 있다.

📁 2단계. 성공의 사분면을 찾아라
📁 3단계. 정체성을 발견하라
📁 4단계. 세상을 향해 아웃풋하라
📁 5단계. 넘버원이 아닌 온리원이 돼라
📁 6단계. 저항을 완전히 무력화시켜라

2단계

성공의 사분면을
찾아라

성공은 노력이나 열정보다는
올바른 길에 먼저 들어섰을 때 찾아온다.

지금 사막 한가운데 서 있다고 생각해보자. 당신이 찾고자 하는 오아시스는 그 어디에도 보이지 않는다. 이런 상황에서 당신은 한 방향으로 전력 질주할 수 있을까? 그렇게 하기는 무척 어려울 것이다. 어디로 가야 할지 몰라 갈팡질팡할 수밖에 없다. 설령 방향을 정했다고 해도 오아시스가 어느 쪽에 있을지 모르니 한 걸음 한 걸음을 내딛을 때마다 불안하고 힘겨울 뿐이다. 반대로 오아시스가 바로 내 눈앞에 보인다고 가정해보자. 선명한 목표가 생기면서 없던 힘도 갑자기 솟아나 전력 질주하게 될 것이다.

이게 무슨 말이냐고? 오아시스를 '목표' 혹은 '되고자 하는 모습'으로 바꿔서 생각해보자. 내가 원하는 모습이 되지 못하고 계속 실패하는 건 게을러서가 아니라는 얘기다. 오아시스가 아직 어느 쪽에 있는지 모르기 때문에 당신은 멈춰 서 있다. 오아시스가 눈앞에 보이기만 하면 없던 힘까지 발휘하며 전력 질주를 하게 된다.

하지만 문제는 그걸 보는 '눈'이 없다는 것이다. 전력 질주하는 사람들은 그 길이 100퍼센트 성공하는 길이라 믿으며 달려나간다. 실패를 확신하고 달리는 사람은 세상에 없다. 그렇다면 이 사람들은 어떻게 그 길이 올바른 길이라 확신하는 걸까? 지금 모습에서는 앞이 전혀 보이지 않는데 무슨 자신감일까? 왜 나는 그런 확신이 들지 않는 걸까? 저 사람이 무모한 걸까, 아니면 내가 신중한 것일까?

전력 질주를 하는 사람은 크게 두 부류로 나뉜다. 첫 번째는 그 길이 맞는지 틀린지도 모른 채 그냥 냅다 뛰는 사람이다. 틀린 길도 맞다며 열심히 달리는 사람이 아주 많다. 이들 중 대부분은 성공이라는 목적지에 도달하지 못한다. 노력하다가 제풀에 꺾이고 만다. 한참을 가서야 '이 길이 아니구나' 하며 돌아오는 것이다. 20~30대를 허송세월하며 보내고 나서야 현실이 호락호락하지 않음을 깨닫는다. 이런 부류의 사람을 너무나 많이 봤다. 솔직히 말하자면 나도 그중 한 명이 될 뻔했다.

전력 질주를 하는 두 번째 부류는 목적지에 도착하려면 시간이 오래 걸리지만 무조건 되는 길이라는 확신을 갖고 가는 사람이다. 근거 없는 자신감이 아닌 세상이 작동하는 원리를 이해하고 그대로 실행하는 부류라 할 것이다.

이들은 아무리 주변에서 '너 지금 허튼짓하는 거야', '돈도 안 되는 걸 왜 해? 차라리 아르바이트를 해'라고 말해도 한쪽으로 듣고 한쪽으로 흘린다. 이들은 시간이 꽤 걸릴 것을 알지만 그 뒤에 오아시스가 있다는 것도 분명히 안다. 그래서 충분히 해볼 만하며 자신은 잃을 게 없다고 생각한다. 혹여 실패하더라도 그 과정에서 엄청난 실력을 키울 수 있다는 확신을 가진다. 이전보다 업그레이드된 능력으로 더 빨리 오아시스를 찾을 수 있다고 말이다.

당신은 이 두 부류 중 어느 쪽인가?

열정보다 방향성이 중요하다

간혹 자기계발서 중에 열정을 갖고 열심히만 하면 성공할 수 있다고 말하는 책들이 있다. 이는 반은 맞지만 반은 틀린 이야기다. 이 세상은 열심히만 한다고 해서 성공을 보장할 수 있는 곳이 아니기 때문이다. 열정보다 더 중요한 건 '방향성'이다. 인생의 방향성에 대해 제대로 고민하지 않고 그냥 열심히만 하는 건 시간낭비다.

일단, '성공의 방향성'이 있다고 믿어보라.

그 길을 걸어간 사람들의 공통점을 찾아보라.

공통점의 핵심을 꿰뚫어보라.

단순히 어떤 아이디어, 어떤 제품,

어떤 방식, 어떤 시대, 어떤 배경이 중요한 게 아니다.

올바른 길이 어느 쪽인지

방향을 설정하는 것이 무엇보다 중요하다.

그다음 최선을 다했을 때 원하는 곳에 도착할 수 있다.

나는 이 사실을 깨닫기까지 참 긴 시간이 걸렸다. 늘 남들보다 머리가 나쁜 나를, 남들보다 노력이 부족한 나를 탓했다. 다른 사람들은 다 나보다 훨씬 똑똑하고, 나보다 엄청 노력하기 때문에 잘되는 줄 알았다.

'올바른 길'에 집중하지 않고 그들의 '행동'에서만 힌트를 찾으려고 했다. 긍정적인 사고, 노력, 열정, 끈기라는 키워드만 쫓았다. 노력과 열정, 그리고 끈기가 부족하니 이를 채워야겠다는 생각뿐이었다. 부족하다고 느끼니 계속 '인풋'을 했다. 좋은 책을 읽고, 좋은 영상을 보고 꼼꼼히 정리를 했다. 이런 행위들이 어느 정도 도움이 된 것도 사실이다. 그러나 큰 변화는 일어나지 않았다.

성공은 노력이나 열정보다는 올바른 길에 먼저 들어섰을

때만 찾아온다는 사실을 뒤늦게 깨달았다. 성공의 모양은 각기 달라도 성공으로 향하는 길은 어느 정도 정해져 있다. 성공으로 가는 사분면의 법칙을 알고 나면 왜 그동안 열심히 했는데도 성공할 수 없었는지 알게 된다. 이때 열심히 하지 않은 사람은 예외다. 그런 사람은 방향성을 알려준다 해도 여전히 그 자리에 머물러 있을 것이다.

하지만 열심히 하는데도 제자리인 사람에게는 얘기가 다르다. 이들에게는 이 이야기가 인생의 터닝포인트가 될 것이다.

자신만의 기준으로 세상을 정의한 사람들

로버트 기요사키와 사분면 이론

성공이 곧 부자가 되는 것을 의미하지는 않지만 원하는 삶을 살기 위해서 물질적 풍요는 필수조건이다. 이에 대해 자신의 관점으로 세상을 심플하게 정의한 사람들이 있다. 대표적인 사람이 《부자 아빠 가난한 아빠》의 저자 로버트 기요사키 Robert Kiyosaki다.

그는 직업의 종류를 기준으로 크게는 세상의 모습, 작게는 수입(현금흐름)의 형태를 사분면으로 표현했다. 각 사분면에는 급여 소득자, 자영업자, 사업가, 투자가가 위치해 있다.

대부분은 평범한 직장인, 즉 급여 소득자로 커리어를 시작한다. 개중에는 남들이 부러워하는 전문직을 가지기도 한다. 급여 소득자가 아닌 자영업자의 길을 선택하는 사람도 있는데, 이들은 자신들이 구축한 소규모 사업장에서 일한 만큼 돈을 번다. 급여 소득자보다 더 많은 돈을 벌 수 있지만 여기에도 한계는 명확하다. 그만큼 내 시간을 더 투입해야 하기 때문이다. 다시 말해 내가 아프거나 쉬면 돈줄이 마른다. 지금 당장은 고소득을 올리고 있어도 불안해하는 사람이 많은 이유가 여기에 있다.

반면 사분면의 오른쪽 위에 있는 사업가는 누군가의 문제를 해결해주고 싶어 안달인 사람이다. 혼자 힘으로 안 되니 팀을 꾸리고 나중에는 회사를 만든다. 개인이 할 수 없는 일을 법인으로 가능하게 만드는 것이다. 사업가는 처음엔 자신의 시간을 직장인보다 두세 배 이상 투자하지만 회사 인원이 많아지고 안정기로 들어서면 할 일이 서서히 줄어들게 된다.

사업가의 다른 편에 있는 투자가는 돈을 빌려주는 사람이다. 예금, 적금을 통해 은행에 돈을 빌려주거나 회사채 매입 또는 회사의 주식을 사서 회사에 돈을 빌려준다. 또한 국채를 매입하여 여러 국가에 돈을 빌려주기도 한다. 이 외에도 부동산, 금, 비트코인 등 저평가된 자산을 구입해서 자산을 불린다. 이러한 투자의 핵심은 돈을 자기 자신을 위해 쓰는 것이

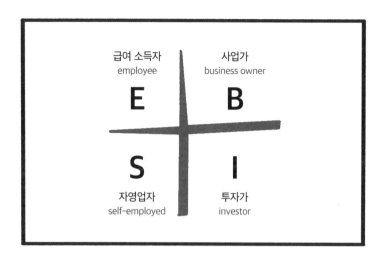

그림 2-1 로버트 기요사키가 나눈 수입의 사분면

아닌 타인을 위해 쓴다는 데 있다.

오른쪽 면의 사업가와 투자가는 공통점이 많다. 이들은 시간과 관계없이 돈을 번다. 내 시간을 갈아넣어서 돈을 버는 것이 아니라 사람들이 필요로 하는 것을 제공함으로써 돈을 번다. 벌 수 있는 금액 또한 무한대다. 기요사키는 부자가 되고 싶다면 왼쪽 영역을 선택하기보다 오른쪽 영역을 선택해야 한다고 강조한다. 세상의 돈이 오른쪽 영역에 몰려 있기 때문이다. 자본주의라는 게임에서 유리한 포지션을 점하는 아주 단순하고 명료한 법칙이 아닐 수 없다.

기요사키의 책이 처음 나왔을 때만 해도 이 이론은 사람들에게 엄청난 충격을 안겨줬다. 그러나 해당 모델이 나온 지 벌써 20년이 지났는데도 여전히 대부분은 왼쪽 영역에 머물러 있다. 충격은 받았지만 그래서 어떻게 해야 하는지 방법을 찾지 못한 것이다.

기요사키의 사분면 이론을 1단계에서 언급한 피라미드 세상에 대입해서 살펴보자. 왼쪽은 피라미드 안의 세상이다. 경쟁에서 이기면 더 많은 돈을 벌 수 있다. 하지만 문제는 경쟁이 너무 치열하다는 것이다. 나보다 잘하고 열심히 하는 사람이 너무 많아서 50퍼센트 이상은 경쟁에서 진다고 봐야 한다.

반대쪽인 오른쪽은 피라미드 바깥세상이다. 바깥세상에서는 피라미드 안에 있는 사람들이 필요로 하는 것을 제공한다. 똑같은 제품을 만들어 경쟁하기보다 브랜딩을 통해 차별을 꾀하고 충성고객을 만들고자 노력한다. 인풋이 아닌 지속적인 아웃풋을 통해 고객에게 나를 알리고자 한다. 불편함을 제거해주거나, 특정한 서비스를 제공하거나, 돈을 빌려주거나, 부동산을 임대해준다. 경쟁이 다소 있더라도 피라미드 안의 세상보다 획일적이지 않다. 게다가 바깥세상에서는 시간이 지나 규모가 커질수록 더 많은 돈을 벌게 된다. 돈이 돈을 벌어오는 선순환 구조가 생기게 되는 것이다.

당신 역시 오른쪽 영역으로 가는 것을 목표로 삼아야 한다.

직장생활로 사회생활을 시작했다 하더라도, 작은 가게를 창업해 나의 시간을 갈아넣고 있다 하더라도 궁극적으로는 타인에게 제공할 수 있는 나만의 아웃풋을 생산해내야 한다. 그것이 바로 돈이 돈을 버는 시스템을 만드는 방법이기 때문이다.

엠제이 드마코와 가장현실

자신만의 관점으로 세상을 정의한 또 다른 사람의 사례를 살펴보자. '천천히 부자되기'에 반대하며 30대에 백만장자가 된《부의 추월차선》의 저자 엠제이 드마코MJ DeMarco는 그의 저서에서 세상의 모습을 그림 2-2처럼 그렸다.

드마코의 그림을 뒤집으면 정확히 피라미드 모양이 된다. 피라미드의 꼭대기로 올라가면 인도로 가는 차선과 서행차선이 나온다. 이는 천천히 부자가 되는 길을 의미하는데, 드마코는 경쟁을 통해 상위로 올라가더라도 그건 느리게 부자가 되는 길이라 이야기한다.

최하단에는 가족과 친구들, 학교 교육, 기업, 정부가 있다. 이들은 더 열심히 하고 경쟁에서 이겨 피라미드의 최상위 계층으로 올라가라고 하는 존재들이다. 모두가 똑같은 말을 한다. 가까운 가족도, 친구도, 학교와 뉴스에서도 같은 말을 한다. 그게 맞는 길이라고 말이다.

그러다 보면 인생을 살면서 실체가 없는 가상의 무언가를 믿게 된다. 이를 드마코는 '가장현실'이라 말하는데 대표적인 것이 요일이다. 하루하루를 요일로 정의해놓고 그에 따라 움직이는 것 자체가 웃긴 일 아닐까. 관리하기 쉽게 평일 5일, 주말 2일로 나눈 것일 수도 있다. 실제로 성공한 사람들은 요일의 구분이 없다.

기업이라는 개념도 비슷하다. 처음 기업이 만들어졌을 때는 서류상으로만 존재했다. 시간이 지나 기업이 성장하더라도 기업 그 자체는 실체가 없다. 기업에서 일을 하는 사람, 건물, 공장 그리고 생산품이 실체이지 기업 그 자체가 실체는 아니다. 그럼에도 사람들은 기업이 엄청 대단하며 좋은 것이라 믿는다. 좋은 기업에 들어가서 일하는 사람이 되는 것만이 성공의 길이라 믿는다. 기업의 비전이나 사명감에 매료되어 평생 회사를 위해 내 한 몸 바친다.

학위도 마찬가지다. 수년간의 공교육은 좋은 대학에 가기 위한 과정처럼 인식된다. 젊은 친구가 대학을 안 나왔다고 하면 안타까운 표정으로 바라본다. 학위는 기업에서 면접을 볼 때 성실함을 판단하는 하나의 기준일 뿐 그것 자체가 성공을 보장하지 않는다. 학위는 아무런 실체가 없다. 종이로 된 졸업장 하나, 그게 다일 뿐이다.

우리는 이 같은 잘못된 가치관을 갖게 하는 여러 가장현실에 지속적으로 노출된다. 그 과정을 다 거치고 나면 마지막에

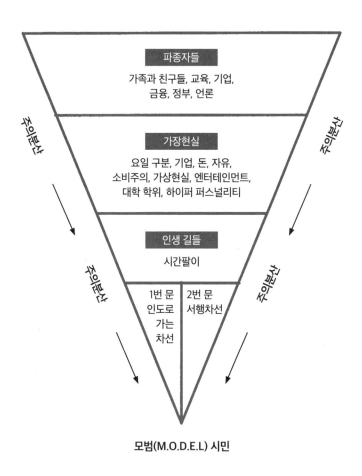

그림 2-2 엠제이 드마코가 그린 세상의 모습

내 시간을 빼앗아가는 끝판왕들을 만난다. 1번 타자는 직장이다. 우리는 생존의 일환으로 직장에 매달린다. 정말 다양하고 심지어 더 좋은 생존 방법이 있음에도 오직 취업 혹은 직장이라는 하나의 길만 있다는 사고방식을 주입받는다. 취업에 성공했다 하더라도 하루 여덟 시간을 회사에 담보로 잡혀야 한다. 출퇴근 왕복 두 시간은 덤이다.

2번 타자는 욕망이다. 생존이 해결되었으니 나의 욕망이 스멀스멀 올라온다. 노력을 보상할 휴식, 먹는 것, 입는 것, 사는 곳, 좋은 차 등 생산이 아닌 소비에 모든 에너지를 쓴다. 돈만 쓰면 다행인데 시간도 같이 쓴다는 걸 미처 모른다. 씀씀이가 점점 커지면서 기존에 벌던 것보다 더 벌어야 한다는 압박을 받고, 기존에 하던 일을 절대 내려놓으면 안 된다는 위기감을 느낀다. 하루하루 욕망을 실현하기 위해 계속 일하는 악순환에 빠지게 되는 것이다. 한 번 이 굴레에 들어가면 빠져나오기가 어렵다.

3번 타자는 위로와 타협이다. '너만 힘든 거 아냐', '나도 힘들어. 우리 모두가 힘들어', '너 정말 열심히 살았어', '기성세대 어른이 잘못한 거지 너희들의 잘못이 아니야' 같은 말이다. 주변에 비슷한 부류의 사람들만 있으니 듣게 되는 이야기인데, 이러한 위로의 끝은 결국 타협뿐이다. '내가 할 수 있는 건 미약하구나', '내가 세상을 바꿀 순 없구나', '아무리 열심히 해도 나는 안 되는구나' 같은 잘못된 생각에 사로잡힌 채 타협을 한다. 그 과정에서도 세상은 온통 내 시간을 빼앗기 위해 혈안이 되어 있다. 넷플릭스, 유튜브를 더 시청하게 만들고 인스타그램, 트위터를 더 많이 하게 만들면서 끊임없이 광고를 해댄다. 이렇게 사람들은 시간의 중요성을 깨닫지 못한 채 살아간다.

드마코가 이 그림을 통해 이야기하려는 바는 간단하다. 피라미드 안의 모습이 결코 정답지가 아니라는 사실이다. 재미있지 않은가? 세상의 모습은 보는 이에 따라 이토록 다양하다. 나는 이들의 관점에 전적으로 동의한다. 그리고 그런 생각을 한발 앞서 한 이들이 존경스럽다. 나처럼 어리석은 중생을 구제해줬으니 얼마나 감사한지 모른다.

개인이 곧 기업인 시대의 성공 법칙

위에서 언급한 두 사람의 관점이 무척 훌륭하다는 사실은 더 말할 필요도 없다. 그러나 나는 현재 시점에서 나의 관점으로 세상의 모습을 재정의해야 할 필요가 있다고 느낀다. 드마코의 《부의 추월차선》이 출간된 지도 10년이 넘었고, 기요사키의 《부자 아빠 가난한 아빠》는 무려 20년이 흘렀기 때문이다.

책들이 출간된 후 세상은 빠르게 변했다. 과거 기업 중심 세상에서 지금은 1인 기업가가 흔해진 시대다. 기존에 존재하지 않던 유튜버 같은 직업도 생겼다. 유튜버를 '직업'이라 부를 수 있는 건 급여 소득자 이상으로 돈을 버는 유튜버들이 많아졌기 때문이다.

사실 유튜버는 급여 소득자도, 자영업자도 그렇다고 전문직도 아니다. 완전히 다른 모델이다.《부자 아빠 가난한 아빠》가 변하지 않는 원리를 체계적으로 설명했다고 해도, 다양한 매체의 등장으로 세상은 조금씩 변했고 이제 다른 관점이 필요할 때다.

이런 이유로 나는 철저히 '개인'의 입장에서 변화된 세상에 어떻게 대처해야 하는지 설명해야겠다는 생각이 들었다. 개인이 아닌 기업, 산업 측면에서 이에 관해 설명한 책은 많다. 오래전 앨빈 토플러는 제3의 물결을 이야기했고, 세계경제포럼의 창시자인 클라우스 슈밥은 제4차 산업혁명을 처음으로 이야기했다. 이들은 모두 산업 중심으로 세상을 해석했다. 기업의 관점에서 당시 시대를 분석하고 해결책 등을 제시한 것이다.

그러나 우리에게 중요한 것은 기업의 관점이 아니다. 개인의 입장에서 시대를 이해하고, 개인이 세상에 무엇을 제공할 수 있을지 생각해볼 필요가 있다. 이를 위해서는 제일 먼저 인간이 태어나 죽을 때까지 소비하는 게 무엇인지 떠올려봐야 한다. 그리고 나서 기존에는 기업이 공급하던 것을 개인이 제공할 방법은 없는지 고민해봐야 한다. 많은 게 있을 것이다. 그게 어떤 형태인지는 중요하지 않다. 그런 유형의 공급을 개인이 할 수 있는지가 핵심이다.

그동안 우리가 어떤 상품을 소비해왔는지 생각해보자. 기저귀, 티슈, 화장품, 샴푸 등은 쉽게 사용하는 물건이다. 이걸 개인이 공급할 수 있을까? 가능하다. 이제는 개인도 몇 개의 공장만 뚫으면 생산자가 될 수 있고 온라인 스토어에서 판매도 가능하다. 아무래도 생산보다는 판매가 쉬울 것이다.

오늘날은 생산 업체는 너무 많은데 그걸 파는 게 어려운 일이 되었다. 개인에게는 엄청난 기회다. 직접 만든 제품이 아니더라도 아마존 같은 온라인 스토어에 물건을 올려 전 세계인에게 직접 판매할 수도 있다. 중국의 어느 유명한 인플루언서는 인스타그램으로 수천 개의 물건을 판다. 상품을 직접 생산한 사람보다 훨씬 더 큰돈을 벌고 있는 것이다.

상품 말고 개인이 소비하는 것이 또 뭐가 있을까? 학원비, 병원비, 인터넷비 등 다양한 서비스 이용료가 있다. 이는 물건의 구매가 아닌 돈을 내고 무형의 서비스를 이용하는 소비다. 개인이 통신망을 깔 수는 없지만 온라인 서비스는 컴퓨터 하나만 갖고도 얼마든지 만들 수 있다. 내가 운영하는 교육 플랫폼 '푸릉'은 단 3일 만에 혼자 마우스 클릭만으로 만들어 시작한 사이트다. 이후 외주업체에 개발을 맡겨 조금 더 업그레이드를 하긴 했다. 상품보다 서비스는 기술이 발전함에 따라 개인이 접근하기가 쉬워졌다.

또한 많은 사람이 시간을 쓰는 곳에 기회가 있다. 물건을 사고 서비스를 이용하는 것만이 소비가 아니다. 시간도 소비다. 요즘 사람들은 카카오톡, 인스타그램 등 SNS를 하고 웹툰, 유튜브, 넷플릭스를 보며 콘텐츠를 소비한다. 또한 도움이 된다면 비용을 주고 정기 구독하는데 망설이지 않는다.

이러한 콘텐츠들은 꼭 기업만이 생산할 수 있는 것이 아니다. 개인이 유튜브 자체를 만들 수는 없지만, 유튜브 채널을 개설해 좋은 영상을 제공할 수 있다. 요즘은 유튜브 채널이 어지간한 TV 프로그램보다 인기가 많다. 혹은 인스타그램에 나의 스타일을 보여주고 개성을 드러낼 수도 있다. 내가 알고 있는 노하우를 강의로 만들어 제공하는 방법도 있다. 영향력이 커지면 광고가 들어오거나 협찬이 들어온다. 온라인 카페를 만들어 카페에 유료 배너를 달아주고 광고비를 받을 수도 있다. 많은 사람이 찾는 곳이라면 어디든 광고판이 된다.

이 외에도 방법은 정말 많다. 책을 쓸 수도 있고 매거진이나 유료 뉴스레터를 발행하는 사람도 있다. 정보 및 콘텐츠 분야는 기업보다 개인이 훨씬 더 유리하다. 덜 상업적으로 느껴지고, 나와 같은 사람이라 생각되기 때문이다. 따라 하고 싶고,

닮고 싶어지는 것이다.

시대가 원하는 것을 제공하라

농업에서 공업의 시대로 넘어갈 때는 상품을 만드는 게 매우 중요했다. 사람들이 필요로 하는 것을 더 많이 만들고, 더 많이 제공하는 사람이 큰돈을 벌었다. 하지만 상품의 교환은 물리적, 시간적 한계성이 명확했다. 똑똑한 사람은 여기에 '금융'을 활용했다. 금융은 한계가 없었다. 단 하나 한계가 있다면 사람들이 무한대로 소비를 할 수 없다는 거였다. 버는 데 한계가 있으니 쓰는 데도 한계가 있었던 것이다.

시간이 지나 인터넷이 보급되고 정보화 시대가 왔다. 이때부터는 누가 더 많은 돈을 빌려주느냐보다 '누가 더 사람들의 시간을 소비하게 할 수 있느냐'가 중요한 세상이 되었다. 내가 하루 중 무엇에 시간을 가장 많이 쓰는지 생각해보라. 카카오톡과 유튜브의 공통점은 사람들이 가장 많이 머무는 플랫폼이라는 것이다. 사람들이 머무르면 머무를수록 플랫폼은 더 많은 돈을 벌게 된다. 그 시간만큼 더 많은 광고를 내보낼 수 있기 때문이다.

내가 벌 수 있는 돈의 최대치를 구하는 공식은 간단하다.

전 세계 인구 × 사용 가능한 시간

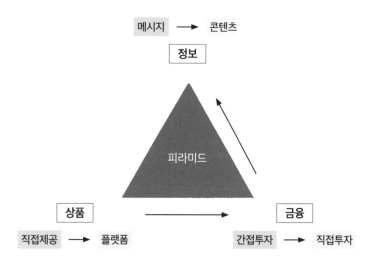

그림 2-3 시대의 변화 모습

제조업의 시대에는 상품을 만드는 게 가장 중요한 능력이었다. 금융업의 시대에는 더 많은 돈을 빌려주는 게 중요했다. 정보화 시대에는 사람들이 정보를 소비할 수 있도록 콘텐츠를 만드는 게 중요하다.

그렇게 제조업의 시대에서 금융업의 시대로, 또 정보화 시대로 넘어오면서 상품을 직접 만드는 능력보다 '팔리게' 만드는 유통의 능력이 중요해졌다. 상품을 만드는 사람의 힘은 줄어들고, 팔리게 하는 플랫폼이 권력을 쥐게 되었다. 아마존,

쿠팡, 네이버쇼핑 등의 힘이 세진 것이다. 금융업의 시대에서도 처음에는 돈을 빌려주거나 상품을 파는 은행, 보험, 증권사가 중요했다. 하지만 시간이 지나면서 어떻게 하면 상품을 잘 팔리게 할 수 있을까를 고민하는 토스, 샐러드뱅크, 카카오뱅크 같은 플랫폼이 더 크게 성장하고 있다.

정보화 시대도 마찬가지다. 오늘날은 정보를 만드는 사람보다 정보를 유통할 수 있는 사람이 모든 걸 가져간다. 그게 바로 인플루언서다. 큰 부자는 유통하는 플랫폼을 만들고 작은 부자는 그 유통 구조 안에서 자기만의 상품과 서비스, 정보 및 콘텐츠를 판매한다. 큰 부자는 아무나 될 수 없다. 하지만 작은 부자는 세상의 본질만 제대로 파악한다면 누구나 될 수 있다.

최악의 선택은 타인이 만들어놓은 상품을 사기만 하는 것이다. 타인이 제공하는 돈을 빌리기만 하고, 타인이 만든 정보 및 콘텐츠를 소비만 하는 것이다.

소비를 아예 안 하고 살 수는 없다. 소비가 나쁘다는 뜻이 아니라 내가 하는 행위를 소비와 생산으로 나누었을 때 100퍼센트 소비만 하는 것이 문제라는 것이다.

당신이 소비하는 금액이 한 달에 100만 원이라고 치자. 그로 인해 뭔가를 타인에게 제공함으로써 200만 원을 벌었다고 한다면 당신은 생산자라고 말할 수 있다. 피라미드 바깥세상

에서 피라미드 안으로 뭔가를 제공하는 비중이 더 크기 때문
이다.

그렇다면 이제 스스로 되물어야 할 때다.
지금 나는 생산자인가, 소비자인가.
경험이라는 명목하에 소비만 일삼고 있는 것 아닐까.
앞으로 어떤 삶을 살아갈지는 당신의 선택에 달렸다.

성공으로 가는 네 가지 길

이렇듯 빠른 속도로 시대가 바뀌고 있지만 상품, 금융, 정보
세 가지 카테고리에서 소비가 일어난다는 사실만은 변하지
않는다. 시대 변화에 따라 그 모습이 조금씩 바뀔 수는 있어도
본질적인 틀은 바뀌지 않는 것이다. 그러므로 이 키워드를 중
심으로 타인을 위해 의미 있는 것, 가치 있는 것을 제공해야
한다.

이러한 사실을 깨닫고 나서 나는 성공으로 가는 길을 네 가
지 유형으로 나눌 수 있었다. 이를 뒤집어 말하면 세상의 모습
은 너무나 복잡하지만 성공으로 가는 길은 단 네 가지로부터
시작된다는 얘기다. 그건 바로 메시지message, 콘텐츠contents, 비

즈니스business, 투자invest다.

어떻게 사분면을 활용해 생산자의 길에 올라탈 수 있는지 살펴보기에 앞서 상품, 금융, 정보라는 세 가지 카테고리와 사분면이 어떻게 연결되는지 좀 더 자세히 알아보자.

태어날 때부터 창업을 하고 어떤 상품을 만들어야지 하고 결심하는 사람은 없다. 이들은 '필요성'에 의해 결심하게 되는데 보통은 마음속 불만으로 시작한다. '왜 이런 제품이 없지?'라거나 '왜 이렇게 불편하게 만들었지?', '내가 만들어도 이것보다 잘 만들 것 같은데?' 등의 생각을 하다가 결국은 뭔가를 만들게 되는 것이다.

상품이 아닌 금융과 정보도 같은 맥락으로 이해할 수 있다. '이런 금융 상품이 필요할 것 같은데', '이런 정보를 알려주는 사람이 왜 없지' 하고 생각하다가 세상에 없던 서비스와 책이 나오게 되는 것이다.

마음속 불만은 누구에게나 한 번쯤 생긴다. 그러나 대개는 푸념으로 끝나는 경우가 많다. 군이 그 분야를 잘 알지도 못하는데 시간과 노력 그리고 돈을 들여가며 뭔가를 만들고 제공하려는 도전을 쉽게 하지 않는 것이다.

하지만 누군가는 기어코 이를 행동으로 옮긴다. 그들이 가장 먼저 하는 일은 자신의 생각을 주변에 알리는 것이다. 단순히 알리는 개념이 아니라 온갖 방법으로 사람들과 소통한다. 왜 이런 게 없을까요? 여러분은 안 불편하세요? 이 방법으로 하면 더 낫지 않을까요? 처음에는 질문을 하다가 나중에는 사람들을 설득하고 도와준다. 시작은 항상 불편함이나 문제를 인식하는 것이다. '왜 이런 게 없지?', '왜 이런 걸 아무도 안 알려주지?', '어떻게 돈이 나 대신 돈을 벌어오게 하지?' 같은 질문들이다.

　이러한 질문들을 나는 '메시지'라 부른다. 단순히 생각으로 맴도는 건 메시지가 아니다. 그냥 아이디어일 뿐이다. 생각에 그치지 않고, 말로 내뱉는 것이 바로 메시지다. 사람들을 설득해나가는 과정도 메시지다. 참지 못하고 그들을 자신이 생각한 방향대로 안내하는 것도 메시지다. 한마디로 사람들에게 내 생각을 전달하는 과정 전체가 메시지라 할 수 있다. 사람들과 공감대를 형성하며 지속적인 메시지를 전하고자 노력하고 결국 이것이 상품, 금융, 정보의 형태로 만들어져 제공되는 것이다. 그 시작에는 항상 메시지가 있다.

　그림 2-4를 살펴보자. 한가운데에 피라미드가 있다. 피라미드 밖에는 메시지, 콘텐츠, 비즈니스, 투자라는 네 가지 영역이 존재한다. 이를 줄여서 'MCBI'라고 부를 것이다.

　먼저 메시지는 내 안에서 우러나오는 불만을 뜻한다. 콘텐츠는 메시지가 보기 좋게 정리되어 사람들에게 전달될 때의 모습이다. 비즈니스는 메시지가 상품이나 서비스 형태로 제

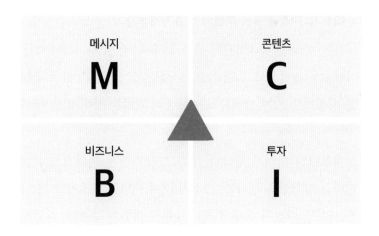

메시지
M

콘텐츠
C

비즈니스
B

투자
I

그림 2-4 MCBI 도식

공되는 걸 말한다.

투자는 돈에 대한 불만에서 비롯된 행동이다. 돈에 대한 갈망은 누구에게나 있다. 인생을 살면서 제일 많이 하는 걱정이 돈 걱정이고, 가장 큰 불만도 돈에 대한 불만일 것이다. 그러한 불만과 걱정을 푸념으로 끝내지 않고 해결을 위해 적극적으로 행동에 뛰어드는 것이 바로 투자다. 결국 투자 역시 메시지의 연장선상에 있다.

그럼 지금부터 이 네 가지 영역들을 구체적으로 하나씩 살펴보자.

메시지: 마음속에서 무엇이 꿈틀거리는가

모든 시작에는 메시지가 있다. 마음속 불만, 화 혹은 '빡침'이라고도 표현할 수 있을 것이다. 이를 생각하는 데 그치지 않고 지속적으로 그 당위를 사람들에게 전하는 것이 바로 메시지다.

대표적인 예시가 종교다. 종교는 우리에게 이렇게 살아야 한다는 방향성을 제시한다. 정치도 메시지다. 대중에게 더 나은 사회를 위해서 이렇게 가야 한다고 말한다. 가난한 이들을 위해 청빈의 삶을 선택한 테레사 수녀도 이 영역에 해당한다. 자신의 메시지를 실천으로 보여준 것이다. 환경보호 혹은 동물보호를 위해 애쓰고 '우리는 이렇게 해야 합니다'라고 대중에게 전파하는 사람들은 모두 메시지 영역에 있다.

이들 중에는 적극적인 행동 영역으로 넘어가는 사람들도 많다. 콘텐츠, 비즈니스, 투자 영역으로 메시지를 확장시키는 것이다. 메시지가 누구나 소비하고 이용할 수 있는 콘텐츠가 됐을 때는 크리에이터가 된다. 메시지와 금융이 만나면 투자자가 된다. 메시지를 담아 회사의 제품이나 서비스를 만들면 비즈니스가 되고, 그 사람은 기업가가 된다.

이러한 사례는 셀 수 없이 많다. 지금까지 성공한 사람들을 역추적해 보면 대부분 자신만의 메시지에서 출발한 것을 알 수 있다.

콘텐츠: 재능을 소비재로 바꾸기

콘텐츠는 크리에이터들의 영역이다. 이들은 자신의 재능을 살려 무에서 유를 창조한다. 재능의 유형은 다양하다. 음악, 춤, 운동, 엔터테인먼트, 영상, 철학, 과학, 유머 등 사람들이 원하는 것이라면 무엇이든 재능이 될 수 있다. 축구선수 손흥민, 가수 BTS, 영화배우 이병헌, 코미디언 유재석, MC 오프라 윈프리, 유튜버 쯔양 같은 사람들이 콘텐츠 영역에 속한다.

어떤 사람은 '슬픔'이라는 키워드로 음악을 만들고, 어떤 사람은 영화로 표현하며, 어떤 사람은 웹툰을 그리고, 누군가는 유튜브 영상을 만든다. 또는 슬픔을 주제로 스토리가 담긴 책을 쓰기도 한다.

메시지와 콘텐츠는 언뜻 비슷해 보이지만 분명한 차이점이 있다. 메시지는 누군가의 생각 혹은 행동 그 자체로, 대중이 메시지를 직접 '소비'하기란 쉽지 않다. 반면 콘텐츠는 어떤 매체를 통해 메시지가 대중이 소비할 수 있는 형태로 전환된 것을 뜻한다. 예를 들어, 춤을 좋아하는 사람이 있다고 하자. 자기 집에서 춤 연습을 한다고 해서 그게 콘텐츠가 되지는 않는다. 사람들이 그것을 소비할 수 있도록 매체와 연결했을 때 콘텐츠가 되는 것이다.

내가 가진 재능이 춤이나 음악처럼 남들에게 즐거움을 주는 형태라면 그것을 곧바로 비즈니스 상품으로 만들기란 쉽지 않다. 이때 가장 쉬운 접근은 콘텐츠로 만드는 것이다. 상품이나 서비스를 만들어야 하는 비즈니스는 진입장벽이 높지만 콘텐츠 제작은 초기 비용도 거의 들지 않고 시간과 노력만 있으면 누구나 가능하다.

20년 전만 해도 프로그래머가 자신이 만든 프로그램을 개인에게 배포하는 건 매우 어려운 일이었다. 내가 만든 프로그램을 대중에게 알리는 방법이 블로그에 글 쓰는 것 말고는 없었다. 그러나 지금은 누구나 앱을 쉽게 만들고 배포할 수 있다. 생산자 개인과 소비자 개인이 직접 만날 수 있는 생태계가 만들어진 것이다.

앱뿐만 아니라 모든 장르에 적용할 수 있다. 예전에는 요리 실력이 좀 있다고 해도 아무나 주방장이 되지 못했다. 이제는 유튜브에서 요리 채널을 만들고 집밥 레시피 영상만 올려도 호텔 주방장 부럽지 않은 인지도를 얻을 수 있다. 웹툰도 마찬가지다. 과거에는 그림을 조금 좋아한다고 해서 누구나 만화책을 출간할 수 있는 건 아니었다. 지금은 그림을 잘 그리지 못해도 스토리 하나만 가지고 아주 쉽게 대중과 만날 수 있다. 바야흐로 개인 콘텐츠의 시대가 온 것이다.

비즈니스: 나의 문제는 누군가에게도 문제

누군가의 불편함, 어려운 문제를 해결하고 싶은 마음(메시지)이 가득한 사람들은 결국 이 분야의 문을 두드리게 된다. 지금 이 순간에도 전 세계에서는 셀 수 없이 많은 비즈니스가 생겨나고 있다. 반드시 기존에 없던 서비스가 나와야 하는 것은 아니다. 기존의 것을 아주 조금만 개선해도 된다. 이미 수많은 청소기가 있는데도 그것보다 편한 청소기를 누군가 만들지 않는가? 수백 개의 방송국이 있지만 누군가는 넷플릭스를 만들었다. 기존 전화기도 꽤 쓸 만했지만 누군가는 아이폰을 만들었다. 앞으로도 계속 그럴 것이다.

비즈니스라고 하면 사람들은 엄청 대단한 것만 생각하는데 그렇지 않다. 우리가 잘 아는 기업 중에도 개인의 메시지 영역에서 가볍게 시작된 기업들이 많다. 파타고니아Patagonia의 창립자 이본 쉬나드Yvon Chouinard는 본래 암벽 등반을 하던 사람이었다. 하지만 전문적인 장비가 거의 없던 시절이라 그는 직접 등산용품을 만들어 사용했는데, 이것이 주변 사람들에게 인기를 끌면서 등산 용품업체를 차리게 됐다. 이후에는 조금 더 편하고 따뜻하면서 실용적인 옷을 만들고 싶어 의류 브랜드를 만들었다. 그게 바로 파타고니아다. 등산을 하다 보니 환경 문제의 심각성을 알게 되어 환경 오염이 덜한 의류를 만들고 수익의 많은 부분을 환경 단체에 기부하면서 더 유명해졌다.

지금은 글로벌 거대 기업이 됐지만 에어비앤비Airbnb 역시 단순한 메시지에서 출발했다. 평범한 산업디자이너였던 창립자 브라이언 체스키Brian Chesky는 자기가 사는 샌프란시스코에서 세계적인 디자인 콘퍼런스 행사가 열릴 때마다 많은 사람이 숙소를 구하지 못해 애를 먹고 있다는 점을 발견했다. 이 점을 착안해 그는 집 한쪽에 에어침대를 놓고 잠자리와 아침식사를 제공하며 돈을 받았다. 그것이 지금 우리가 잘 알고 있는 에어비앤비의 시작이었다.

메시지는 메시지의 성격과 상황에 따라 비즈니스로 풀어야 할 때가 있고, 콘텐츠로 풀어야 할 때가 있다. 직접 비즈니스에 뛰어드는 게 어렵다고 판단된다면 이러한 비즈니스를 먼저 하고 있거나 혁신을 일으키는 기업에 투자를 해서 동업자가 되는 것도 괜찮은 방법이다. 자연스럽게 메시지에서 투자로 이어지는 것이다.

누군가는 사업은 아무나 하는 게 아니라고, 사업은 위험한 것이라고 말하곤 한다. 그러나 내 생각은 다르다. 물론 쉽지 않지만 해서 안 될 이유는 없다. 오히려 제자리에 머무르는 것이 더 위험하다고 생각하지 않는가?

일단, 사업은 아무나 할 수 있는 것이라고 생각을 바꿔보자. 선택이 아니라 꼭 해야만 하는 의무라 생각해보자. 아이를 영어 학원에 한 번 이상 보내본 적 있다면 사업도 영어 학원에 다니는 것처럼 당연히 인생에 한 번은 해봐야 하는 것이라고 생각하라. 생각의 크기가 클수록 기회도 많이 찾아온다. 막연한 두려움을 떨쳐내고 인생에 가능성을 열어둬야 한다.

비즈니스 중에서 가장 리스크 적게 개인이 시작할 수 있는 분야가 있다. 대표적인 것이 네이버쇼핑의 스마트 스토어다. '세상의 모든 만물은 팔리기 위해서 존재한다'는 말을 나는 자주 떠올린다. 제품을 만드는 것과 그 제품을 팔리게 하는 것은 또 다른 문제다. 오늘날은 개인이 쉽게 온라인에 스토어를 만들고 기존에 판매하던 제품을 올려서 판매하고 마진을 남길 수 있는 시대다. 나는 그저 판매를 거들기만 하면 된다. 상가 계약을 하거나 재고 부담을 가질 필요도 없는데 심지어 배송까지도 위탁이 가능하다.

지금 당장 스마트 스토어를 시작하라는 말은 아니다. 그저 사업이라는 영역을 아무나 못하는 '넘사벽'으로 느끼지 말고, 누구나 할 수 있는 개인화된 영역으로 생각해야 한다는 얘기다.

투자: 돈을 타인에게 제공하는 일

그렇다면 메시지는 어떻게 투자로 연결될 수 있을까? 앞에서 이야기한 메시지, 콘텐츠, 비즈니스는 서로 밀접하게 관련되어 보인다. 1단계, 2단계, 3단계로 발전해간다는 느낌마저 든다. 이와 달리 투자는 사분면 중에 메시지와 연결성이 가장 적어 보이지만 그 중요성만큼은 결코 적지 않다.

우리가 메시지에 머무르지 않고 콘텐츠와 비즈니스로 전환하는 궁극적 목표는 결국 '돈'을 벌기 위해서다. 아무리 좋은 의미로 포장한다고 하더라도 돈을 빼놓고 이야기할 수는 없다. 아무리 축구를 좋아해도 혼자서 즐겁게 하면 되지 굳이 프리미어리그까지 가서 힘든 경쟁을 하는 이유는 큰 부가 뒤따라오기 때문이다. 돈에 대해 전혀 신경 쓰지 않는다고 말할 수 있는 사람은 아마 없을 것이다. 좋아하는 일을 하면서 돈을 버는 건 나쁜 생각도 아니고 이상한 생각도 아니다.

MCB(메시지, 콘텐츠, 비즈니스)는 내가 좋아하는 걸 하면서 돈을 버는 영역이다. 그리고 투자는 그렇게 번 돈을 굴리는 영역이다. 투자의 종류는 매우 다양하다. 기업에 투자할 수도 있고(주식), 사는 공간에 투자할 수도 있다(부동산).

누군가에게 돈을 빌려주는 방식으로 투자를 할 수도 있다. 기업에 돈을 빌려주고 이자를 받거나(회사채), 국가에 돈을 빌려주고 이자를 받을 수 있다(국채). 다시 말해 투자의 핵심은 돈이나 자산을 필요로 하는 사람에게 빌려주는 것이다.

재능을 타인에게 제공하면 콘텐츠가 되고,

내가 만든 상품이나 서비스를 제공하면 비즈니스가 되고,

내가 가진 돈이나 자산을 빌려주면 투자가 된다.

복잡하고 어려운 게 아니다.

제공하는 형태만 다를 뿐이다.

결국은 하나로 연결된다.

만약 내가 피아노를 정말 잘 치는데 이 재능을 우리 가족에게만 보여준다면 정말 아까운 일일 것이다. 비슷한 예로 내게 1억 원이 있는데, 이걸 서랍에만 보관하는 건 바보 같은 선택이다. 아무리 못해도 은행 계좌에 넣어두어 약간의 이자라도 받아야 한다. 은행보다 더 높은 수익률을 얻을 수 있다면 그곳에 빌려줄 수도 있다. 마냥 넣 놓고 있다가는 큰 차이가 생긴다. 나의 재능을 세상에 제공하지 않을 거라면, 비즈니스를 하지 않을 거라면 최소한 내 돈이라도 더 좋은 곳에 보내줘야 한다.

간혹 능력이 부족해서, 혹은 헛소문에 휘둘려 투자에 실패해놓고 투자 자체가 잘못됐다고 말하는 사람들이 있다. 정확히 상황을 인지해보자. 잘못된 투자 방식이 문제지 결코 투자 그 자체는 문제가 되지 않는다. 자산을 누군가에게 빌려주는 행위 그 자체가 어떻게 문제가 될 수 있을까? 상가 건물을 하나 사서 회사에 사무실로 임대를 주는 것이 그 회사의 주식을 사는 것과 뭐가 다를까?

주변에 '투자는 위험한 거야'라고 하는 사람이 있다면 그 사람은 투자의 본질을 모르는 것이다. 투자가 왠지 도박과 비슷한 느낌이 든다면 투자를 한다고 생각하지 마라. 그 대신 내 돈을 꼭 필요로 하는 곳에 빌려준다 생각하라. 그럼 투자가 다르게 느껴질 것이다.

네 가지 중 무엇을 선택할 것인가

당신이 아는 성공한 사람들을 머릿속으로 떠올려보라. 대부분 앞에서 말한 네 가지 영역 중 하나에서 성취를 이뤘을 것이다. 일반적으로 생각하는 사회적 지위나 명성 그리고 대중적 인지도가 높은 사람뿐만 아니라 자기 분야에서 뚜렷하게 자기만의 색깔을 가지고 살아가는 사람 또한 그러하다.

당신도 원하는 삶을 살기 위해서는 이 네 가지 중에 선택을 해야만 한다. 왜 이 네 가지밖에 없을까? 세상이 가장 필요로 하는 영역이기 때문이다. 그렇다면 네 가지 중에 무엇을 선택하는 것이 좋을까? 어떤 능력이 있고 무엇을 하고 싶은지에 따라 다르겠지만 한 가지 확실한 것이 있다. 모든 시작에는 '메시지'가 있다는 사실이다.

당신이 갑자기 회사를 그만두고 반드시 창업을 해야 하는 것은 아니다. 갑자기 유튜버가 되어야 하는 것도 아니다. 가장 먼저 생각할 것은 '어떤 메시지를 세상에 던지고 싶느냐'다. 메

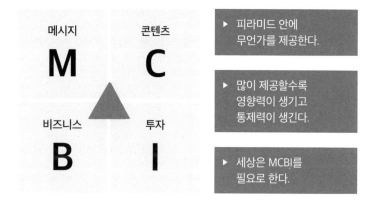

그림 2-5 네 가지 유형이 가진 공통점

시지가 없으면 그것이 어떤 형태든 아웃풋으로 나올 수 없다. 겉으로 보이는 껍데기에 집중하지 말고 메시지에 집중하라. 성공한 사람들은 모두 처음의 메시지에 집중한 사람들이다.

피라미드 안에 있는 대부분의 사람은 성공의 사분면에 대해 전혀 알려고 하지 않는다. 그저 누군가 제공한 것을 받아서 쓸 생각만 하지 스스로 만들어야겠다는 생각은 하지 못한다. 엄밀히 말하면 '엄두를 내지 못한다'는 말이 더 정확할 것이다. 이처럼 용기를 내지 못하는 이유는 대단한 모습만을 상상하기 때문이다. 그런 생각에서 벗어나야 한다. 모든 위대한 성공도 처음엔 보잘것없는 메시지로 시작해 다음 스텝을 밟아나갔다. 나는 뭘 해야 할까 고민을 많이 하는데 그게 무엇이든 메시지부터 제대로 시작하면 된다.

메시지로 공감대를 형성할 수 있다면 절반은 성공한 것이다. 지금 여러분이 이 책을 읽고 공감하는 부분이 있다면 나의 메시지가 제대로 들어맞은 것이다. 이 메시지에 공감한 사람들을 위해 메시지를 강의 형태(콘텐츠)로 만들어 팔면 여러분은 그 강의를 들을 것이고, 내가 자본주의에서 살아남는 부루마블 같은 게임(상품)을 만들어서 팔면 그 제품을 구입할 것이다. 아웃풋 법칙을 잘 실천하고 있는 기업을 선정하고 그 기업에 투자하는 펀드 상품(투자)을 만들면 그 또한 살 것이다.

이처럼 메시지는 대단히 중요하다. 사람들에게 피드백을 받는 과정이 모두 메시지 단계에서 나온다. 그 메시지를 발전시켜 상품, 콘텐츠, 투자 중 어떤 모습으로 세상에 내놓을지는 당신의 선택에 달려 있다.

MCBI를 내 삶에 적용하는 법

2019년 10월, 내 채널에 유튜브 영상을 하나 올렸다. 제목은 '직장인이 퇴사하기 전 반드시 해야 할 질문 두 가지'였다. 많은 댓글이 달렸지만 그중에서 유독 눈에 들어오는 댓글이 하나 있었다.

"좋은 말씀 감사합니다. 타인의 피드백을 받아보고 자신을 평가해야 한다는 말이 무척 와닿았습니다. 저는 채용 관련 일을 했는데 행정 업무가 너무 안 맞아 퇴사하고 여러 직종을 전전하게 됐는데요. 책상에 가만히 앉아서 하는 일은 못하겠더라고요. 그때 미래를 생각하다 문득 타로카드를 배우기 시작했습니다. 근데 주변 인식이 좋지 않았어요. 차라리 사주를 공부하라고 하더라고요. 그렇게 사주 공부를 시작했는데 너무 어려워 포기했습니다. 이후 뜬금없이 부동산 중개업도 생각했지만 레드오션이라 안 되겠더라고요. 이제는 목표도 없고 처음의 방향성조차 기억나지 않습니다."

그냥 지나칠까도 했지만 많은 생각거리를 던져주는 댓글이었기에 그러지 못했다. 나 역시 20대 시절 손금 보는 것에 심취한 적이 있었다. 손에 그려진 손금의 진짜 의미를 노트에 열심히 정리해두곤 했었다. 하지만 그때는 내가 좋아한다는 것만 알았지 이걸 세상에 어떻게 꺼내야 할지 아무런 생각도 없었고, 역량도 없었다. 그렇게 관심만 갖고 좋아만 하다 끝난 기억이 있다.

지금의 나라면 타로카드를 가지고 어떻게 풀어낼까? 노트에 생각을 적기 시작했다. 10분 만에 모든 생각들이 떠올랐다. 노트에만 담아두기엔 내심 아까워 댓글에 대댓글을 달아줬다. 그때 단 댓글을 각색해서 풀어내보자면 다음과 같다.

먼저 이 사람의 생각의 흐름을 살펴보자.

채용 관련 행정 업무 → 타로카드 → 주변 인식 안 좋음 → 공인중개사 준비 → 레드오션이라는 생각 → 목표가 사라지고 방향성을 잃음

이 사람이 답답함을 느끼는 주된 이유는 MCBI에 대해 들어보지 못했기 때문이다. 타로카드라는 키워드에 맞춰 MCBI를 적용하면 성공의 실마리를 풀 수 있다. 어떻게 이를 풀어나가는지 설명하겠다.

과거 이 사람이 수행했던 행정 업무는 피라미드 속의 직업이다. 한계가 명확하다. 타로카드 일은 자영업자에 속한다. 내 시간과 돈을 맞바꾸는 것이다. 기존 행정 업무와 큰 차이가 없다. 전자는 안정적인 데 반해 수익이 고정이다. 후자는 불안정하지만 내가 어떻게 하느냐에 따라 수익이 천차만별이다. 전자보다는 후자가 낫겠다 싶을 수도 있지만 그게 쉽지만은 않다. 남들과 똑같이 해서는 성공하기 어렵기 때문이다. 차별화를 이루려면 MCBI에 발자국을 남겨야 한다.

새로운 것에 도전하는 모습만으로도 긍정적인 영향을 미칠 수 있는 사람이 되어야 한다. 한번 생각해보라. 평범하게 행정 업무를 하던 사람이 타로카드로 꿈을 이루었다면 얼마나

많은 사람에게 영감을 줄까? 작가, 강연가로도 활동할 수 있게 될 것이다. 물론 쉽게 얻어지는 건 없다. 그러기 위해서는 MCBI 중 몇 가지를 실행해야 한다. 당신이 지금 이 사람의 입장이라고 가정하고, 어떻게 해야 할지 생각해보자.

첫 번째는 메시지(M)를 전파하는 것이다. 블로그나 유튜브 등 공개된 플랫폼에 타로카드를 공부해나가는 과정을 기록한다. 타로카드를 어떻게 공부해야 하는지 모르는 나 같은 사람을 위해서 말이다. 그리고 타로카드를 국내나 해외에서 정말 잘하는 사람을 찾아 그들의 이야기를 듣고 그들의 이야기가 더 많은 사람에게 알려질 수 있도록 돕는다. 그들에게 타로카드 이야기를 들려 달라고 요청하면 분명 응하는 사람이 있을 것이다. 인터뷰를 해도 좋다. 스스로 잘되려고 하지 말고, 그들이 홍보될 수 있게 도와라. 그게 내가 잘되는 길이다.

고민 내용에서 타로카드 인식이 부정적이라 했는데 타로카드가 얼마나 매력적인지 사람들에게 알리는 일을 꾸준히 하는 것도 방법이다. 부정적인 인식을 긍정적인 인식으로 바꾸는 사람이 되어라. 그런 사람이 되겠다고 선포하라. 만나는 사람 모두에게 타로카드의 매력에 대해 이야기하라.

두 번째는 콘텐츠(C)다. 당신의 메시지를 단순히 이야기 수준에서 끝나게 하지 마라. 주변 사람들을 넘어 훨씬 더 많은 사람에게 당신의 생각을 전하는 데 집중하라. 사람들이 소비할 수 있는 편한 형태의 콘텐츠로 바꾸는 일을 해야 한다. 시작 단계에서는 블로그 글쓰기가 좋다. 당장은 돈이 안 되어도 많은 사람에게 노출될 수 있으므로 꾸준히 해야 한다. 오늘의 타로카드 사진 한 장과 설명란에 내 생각을 담아 SNS에 올리는 것도 좋다. 사람들은 가벼운 마음으로 오늘의 점괘를 보며 하루를 시작할 것이다. 유튜브 영상을 만들면 더 좋다(내가 이 조언을 해준 2019년에는 타로카드 채널이 거의 없었지만 지금은 구독자 30만 명이 넘는 채널이 많아졌다).

뭐든 꾸준히 하라. 잘 나가는 사람의 유튜브를 벤치마킹하라. 타로카드에 대한 책을 써라. 그럼 더 많은 사람에게 알려질 것이고, 타로카드 이야기를 담은 유튜브 채널은 구독자 수가 늘어날 것이다. 전 세계의 타로카드 전문가들이 당신과 인터뷰를 하려 할 것이고, 타로카드를 봐달라는 구독자의 요청도 쇄도할 것이다. 타로카드를 배워 전문적인 직업으로 삼고자 하는 사람도 생길 것이다. 이들에게 강의를 열어 방법을 알려주고, 그들도 타로카드로 돈을 벌 수 있도록 하라.

생태계가 더 커지면 당신이 갈 수 있는 길은 더 많아지므로 그 방향대로 전력 질주하라. 그 길로 곧장 가라. 멈추지만 않는다면 분명 오아시스를 만나게 된다.

세 번째는 비즈니스(B)다. 새로운 유형의 타로카드를 제작하는 것을 생각해볼 수 있다. 기존의 타로카드 디자인과 이미지는 식상하다. 보다 획기적인 카드를 만들어서 나만의 방식으로 해석하라. 사람들이 내가 제작한 카드를 '갖고 싶게' 만들어라. 보통 타로카드 하나로 다양한 점을 보는데 그러지 말고 각 분야에 맞는 타로카드를 개별 제작하라. 사랑, 연애, 직업, 꿈, 건강 등으로 특화시켜라.

공간에 대해서도 생각해볼 수 있다. 타로카드를 보는 장소는 보통 오래된 느낌이 난다. 이를 완전히 색다른 공간으로 탈바꿈할 수 있는지 고민해보라. 추억을 남길 수 있는 장소가 되려면 어떤 요소가 더 보완되어야 할까. 디테일을 잘 살펴보면 차이를 만들 수 있는 지점이 곳곳에 있다.

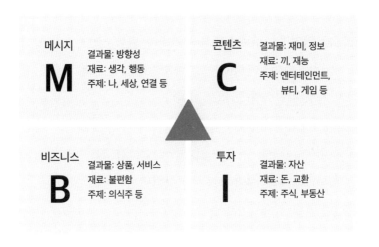

메시지
M
결과물: 방향성
재료: 생각, 행동
주제: 나, 세상, 연결 등

콘텐츠
C
결과물: 재미, 정보
재료: 끼, 재능
주제: 엔터테인먼트,
　　　뷰티, 게임 등

비즈니스
B
결과물: 상품, 서비스
재료: 불편함
주제: 의식주 등

투자
I
결과물: 자산
재료: 돈, 교환
주제: 주식, 부동산

그림 2-6 MCBI 각 유형별 특성

타로카드를 주제로 캐릭터 인형을 만들어도 좋다. 혹은 타로카드에 나온 캐릭터 복장을 제작해 즉석사진을 찍어주는 인생네컷 사진관과 협업할 수도 있다. 좋은 결과가 나오지 않아도 괜찮다. 그런 행동만으로도 사람들은 당신을 주목하게 된다.

이처럼 타로카드를 이용하여 당신이 할 수 있는 일은 생각보다 많다. 단지 그 흐름이 머릿속에 즉각적으로 안 떠올랐을 뿐이다. 조금만 더 깊이 생각하면 다양한 기회들이 눈앞에 펼쳐진다.

이러한 방법으로 지인들의 성공을 수차례 목격한 나로서는 왜 빨리 실행하지 않는지 답답할 뿐이다. MCBI를 적용한 순간 이 사람의 인생은 어떻게 바뀔까? 구독자 수십만 명의 유명 유튜버가 되고, 베스트셀러 저자가 되고, 스타 강사가 되고, 캐릭터 제작자가 될 수 있다. 아무도 이런 미래 모습을 보고도 가만히 있을 수는 없을 것이다.

분명한 오아시스가 선명히 보이는데 적성에 맞지도 않는 행정 업무를 하며 시간을 보낼 수 있겠는가. 자, 이제 방향을 알았으니 그 길로 직진하는 일만 남았다.

그들이 이루었듯이, 당신도 할 수 있다

MCBI를 적용하여 성공에 이른 사례는 많다. 《가장 빨리 부자 되는 법》의 저자 알렉스 베커Alex Becker는 항공기 소방관 출신이다. 자신의 일에 회의를 느낀 그는 복무 연장 기간에 얼마 되지 않는 퇴직금을 찾아 제대했다. 이후 검색 엔진 최적화 기술을 익혀 마케팅 회사에 잠시 다니지만 사장보다 돈을 적게 버는 게 싫어서 곧 그만둔다.

그는 한순간도 쉬지 않았다. 다시 스물네 살에 퇴직금을 투자해 소프트웨어 기반 사업을 시작하며 다양한 마케팅 소프트웨어 제품을 만들었다. 그렇게 회사를 운영하던 중 2017년 유튜브 세계에 뛰어들며 사업을 확장시켰다. 유튜브에 자신의 마케팅 소프트웨어 툴을 소개하는 영상을 자주 올리면서 구독자를 모은 뒤 2019년부터는 채널을 확장해 게임, 이성 관계, 투자, 철학 등 일상적인 주제를 다루며 더 많은 인기를 얻었다.

현재 그의 유튜브 채널 구독자 수는 130만 명이 넘는다. 회사도 지속적으로 성장하면서 그는 스물여덟 살에 사업체 두 개를 운영하는 슈퍼리치가 되었다. 자체 개발한 SaaS 기반의 마케팅 소프트웨어는 2022년 약 1,300억 원에 성공적으로 매각됐다. 어마어마한 돈을 손에 쥐게 된 그는 자신의 성공 과정을 담은 책을 쓰고, 경제적 자유인으로의 삶을 누리고 있다. 그의 성공 과정을 요약하면 이렇다.

소방 공무원(피라미드) → 마케팅 회사 직원(피라미드) → 마케팅 솔루션에 대한 니즈 발견(메시지) → 마케팅 소프트웨어 개발(사업) → 유튜브 개인 채널 및 회사 채널 운영(콘텐츠) → 책 출간(콘텐츠) → 회사 매각(사업)

링구아마리나linguamarina는 러시아 상트페테르부르크에서 태어났다. 그녀는 러시아에서 대학을 졸업한 후 미국 경영대학원 입학을 준비하는 학생이었다. 시험을 보기 위해 영어 공부를 하던 중 '왜 영어 공부하기에 좋은 유튜브 채널은 없을까'를 생각하게 된다. 그러한 불만은 '내가 그런 채널을 만들어야겠다'는 결심으로 바뀌었고, 결국 그녀는 2015년 유튜브 채널을 시작한다. 미국인이 아닌 러시아인이 알려주는 영어 공부법은 소위 대박을 쳤다. 그녀의 유튜브 채널 '링구아마리나'는 현재 739만 명이 넘는 구독자를 보유하고 있다.

유튜브 채널의 인기에 힘입어 그녀는 영어 교육 프로그램을 제작했는데, 이 수업의 주 타깃은 러시아인이다. 그뿐만 아니라 짧은 유튜브 영상을 잘 찍는 방법을 알려주는 강의 사이트도 별도로 운영 중이다. 유튜브 광고 및 협찬도 그녀의 큰 수익원이다. 그녀의 행보는 정보를 주는 무료 콘텐츠로 시작해서 교육 콘텐츠로 넘어간 대표적인 사례라 할 수 있다. 그녀의 성공 과정을 요약하면 이렇다.

> MBA 준비 학생(피라미드) → 영어 공부 유튜브 채널에 대한 니즈 발견(메시지) → 영어 공부 유튜브 채널 운영(콘텐츠) → 영어 공부법 사이트 운영(사업), 짧은 비디오 촬영 강의(사업), 유튜브와 인스타그램 협찬 및 광고 진행(사업)

《역행자》를 쓴 저자이자 사업가 자청은 자칭 '오타쿠' 대학생이었다. 하지만 글쓰기의 중요성을 깨닫고 심리와 글쓰기 공부를 한 후 재회 상담 서비스 '아트라상'을 만든다. 사람의 마음을 움직이는 글쓰기 하나만으로도 할 수 있는 일이 많다는 걸 알게 된 것이다.

글쓰기 능력을 더 발전시키기로 한 그는 이후 블로그를 활용해 다른 사업체의 홍보를 도와주는 온라인 마케팅 회사를 운영하기도 했고, 유튜브 채널을 만들어 자기계발 및 인생 변화에 대한 영상을 올리며 한층 인지도를 높였다. 또한 영상 내용을 전자책으로 제작해 판매하기도 했으며, 더 나아가 PDF 플랫폼 '프드프'를 론칭해 더 많은 사람이 자신의 재능을 콘텐츠화할 수 있는 생태계를 만들었다.

지금도 그는 온·오프라인으로 다양한 사업을 진행하고 있다. 자청이 지금까지 해온 사업들을 살펴보면 모두 '글쓰기'라는 키워드 하나에서 확장됐음을 알 수 있다. 유튜브도 대본이 있어야 되기 때문에 결국은 글쓰기와 연결된다. 책이 베스트셀러가 된 것 역시 부단히 노력한 글쓰기 덕분일 것이다. 그의 성공 과정을 요약하면 이렇다.

대학생(피라미드) → 글쓰기와 심리 콘텐츠에 대한 니즈 발견(메시지) → 재회 상담 서비스(콘텐츠) → 마케팅 회사 운영(사업) → 유튜브 채널 운영(콘텐츠) → 강의(콘텐츠) → 책 출간(콘텐츠) → PDF 플랫폼 서비스(사업) → 오프라인 카페 및 바 운영(사업)

이와 유사한 사례는 너무 많아서 끝없이 적을 수 있다. 피라미드 속에 있다가 스스로에게 질문을 하고, 자신의 재능을 타인을 위해 사용하면서 인생에 변화를 맞이한 사람들은 우리 주변에 정말 많다.

당신도 그런 사람이 될 수 있다.
처음에는 좀 부족해도 상관없다.
완벽할 때까지 준비한 후 세상에 나오지 않아도 된다.
오히려 타인을 도와주거나 소통하다가

나의 진가를 발견하는 경우도 많다.

처음부터 모든 것을 다 잘하려고 하지 마라.

나 역시 특별한 능력이 있어서 잘된 것이라는 생각은 하지 말길 바란다. 그저 성공으로 가는 네 가지 영역이 있음을 조금 일찍 깨달았을 뿐이다.

내 삶 속에는 늘 '타인'과 '제공'의 키워드가 새겨져 있다. MCBI 성공의 법칙을 이해하고 난 뒤, 그 방향대로 전력 질주했으며 아직도 계속 달리고 있다. 이 길의 끝에 성공이 기다리고 있다는 걸 경험으로 알게 되면 이후로는 거칠 것이 없다. 그저 앞으로 나가기만 하면 되는 것이다.

SUMMARY

📁 1단계. 피라미드 밖으로 뛰쳐나가라

📂 **2단계. 성공의 사분면을 찾아라**

1. 내가 게을러서 실패하는 게 아니다. 성공으로 가는 길을 모르기 때문에 멈춰 있는 것이다.

2. 세상이 작동하는 원리를 이해하면 성공의 길이 네 가지밖에 없다는 걸 알게 된다.

3. 오늘날은 누가 더 사람들의 시간을 소비할 수 있게 하느냐가 중요한 세상이다.

4. MCBI로 세상의 본질을 파악하라.

5. 메시지는 내 안에서 우러나오는 불만이다.

6. 콘텐츠는 메시지가 소비할 수 있는 형태로 정제된 것이다.

7. 비즈니스는 문제를 해결하거나 불편을 해소하는 것이다.

8. 투자는 자산을 나를 위해 쓰지 않고 타인에게 빌려주는 것이다.

9. 내가 집중할 MCBI 영역을 찾아라. 그리고 그 방향대로 전력
   질주하라. 그러면 조금 더 빨리 성공에 다다를 것이다.

10. 당신 스스로가 MCBI의 성공 사례가 되기로 결심하라.

3단계

나만의 정체성을
발견하라

자신의 정체성을 명확하게 아는 사람은
세상에 어떤 메시지를 던져야 할지 아는 사람이다.

성공으로 가는 사분면을 보고 어떤 생각이 들었는가? 막연히 네 가지 중에 뭔가 하나는 해야겠다는 생각이 들었을 것이다. 하지만 '뭘 할 수 있을까?' 하고 시작부터 막막함을 느낀 사람도 분명 있을 테다. 정말로 잘하는 것도 없는데 세상에 뭔가를 '제공'할 수 있는지 걱정부터 되는 사람도 분명 있을 것이다. 괜찮다. 벌써 조급해할 필요는 없다.

이 책을 쓴 목적은 특별히 잘하는 게 없는 사람도 성공할 수 있는 법을 알려주기 위함이다. 아무런 노력 없이 쉽게 된다는 말은 결코 아니다. 솔직히 말하면 생각보다는 어렵다.

초등학교 입학 후 대학에 들어가기까지 12년이 걸린다. 긴 시간 공부하고 이런저런 생활 습관을 익혀야 어른이 되는 하나의 관문에 들어설 수 있다. 외국어도 생각해보자. 외국에 나가 귀가 뚫리는 경험까지 보통 최소 6개월이 걸린다고 한다. 하루아침에, 한 달 만에 되는 무언가는 없다. 절대적 시간이 필요하다.

지금까지 MCBI 사분면에서 자신이 어느 방향으로 가야 할지 생각해봤을 것이다. 그러나 하나를 정한다고 해서 모든 게 해결되진 않는다. 그저 '유형'을 선택했을 뿐이니까. MCBI는 알맹이가 없는 하나의 성공 방정식일 뿐이다. 그럼에도 앞으로 무엇을 하면 좋을지 고민할 때 이러한 'MCBI 성공 방정식'을 아는 것과 모르는 것의 차이는 크다.

자녀를 위한 독서법을 알려주고 싶은 사람이 있다고 가정해보자. 이 사람이 앞으로 할 수 있는 일은 무엇이 있을까? 아마 주변에서 보고 겪은 것 외의 다른 아이디어를 떠올리기는 힘들 것이다. 독서 지도사 자격증을 따고, 가정 방문을 통한 독서 지도를 하는 것 외에는 다른 뾰족한 방법을 생각하지 못할 수도 있다.

또 다른 예로 블로그 활용법을 알려주고 싶은 사람이 있다고 생각해보자. 블로그의 중요성과 활용법에 관련한 포스팅을 하는 것 말고는 딱히 떠오르지 않을 것이다.

그러나 앞에서 배운 MCBI를 적용하면 생각은 훨씬 다양하게 뻗어나갈 수 있다. 자녀를 위한 독서법을 생각해본다면 먼저 관련 책을 집필하거나(콘텐츠), 문해력 향상에 도움이 되는 책을 빌려주는 서비스를 기획할 수 있다(기업가). 또는 중고서점이나 개인 책방을 만들어 책을 판매하거나 대여하는 사업을 펼칠 수도 있다(기업가). 아이들을 위한 독서 전용 키즈 카페를 만들고 서비스를 하다가 프렌차이즈화할 수도 있다(기업가). 프렌차이즈화할 때 건물은 본사가 매입해서 가맹점에 임대를 주는 형태로 할 수도 있다(투자가). 원하는 목적지에 따라 지금 해야 할 일이 달라진다.

이처럼 MCBI를 알면 하고 싶은 일의 형태를 명확히 할 수 있다. 하지만 내가 뭘 하고 싶은지 모른다면 MCBI를 알아도 할 수 있는 게 없다. 그래서 무엇보다 자신의 '정체성'을 찾는 게 중요하다.

정체성의 비밀을 파악하고 나면 무엇을 먼저 해야 하는지 알게 된다. 남들보다 잘하는 게 없다고 생각했는데 의외로 할 수 있는 게 많다는 사실도 알게 될 것이다.

이제부터 정체성의 비밀이 뭔지, 정체성이 왜 중요한지, 정체성을 찾기 위해서는 어떻게 해야 하는지, 정체성을 더 확고히 하기 위해서는 어떤 과정들을 거쳐야 하는지, 정체성을 찾은 다음에는 또 무엇을 어떻게 해야 하는지 차근차근 알려줄 것이다. 나를 발견하는 즐거움을 이번 단계에서 느껴보길 바란다.

정체성이란 무엇인가

정체성이란 무엇일까. 쉽게 말해 '나는 ○○○ 하는 사람입니다'라고 할 때 '○○○' 부분에 들어가는 말이다. '○○○'에 아래 단어들을 넣어보자.

- 대기업 회계 업무
- 중소기업 CEO
- 외과 의사
- 두 딸을 둔 엄마

'나는 대기업에서 회계 업무를 하는 사람입니다', '나는 중소기업의 CEO입니다', '나는 외과의사입니다', '나는 두 딸을 둔 엄마입니다'. 이 말이 정말 당신이 누구인지 말해주는 정체성이 될 수 있을까?

국어사전에 보면 정체성은 '변하지 아니하는 존재의 본질을 깨닫는 성질 또는 그 성질을 가진 독립적 존재'라는 뜻을 갖고 있다. 영어로는 '아이덴티티identity'라고 표현하는데 다른 사람들과 나를 구별 짓는 그 어떤 무엇이라고 생각해볼 수 있겠다.

나의 정체성은 온전히 '나'로부터 출발해야 한다. 누구 뒤에 숨으면 안 된다. 대기업은 나의 모습이 아니다. 회계 업무도 나의 모습이 아니다. CEO도 직책일 뿐이다. 두 딸은 내 자식이지 내가 아니다. 정체성을 찾고 싶을 때는 직책, 직업, 타이틀을 생각하기보다는 온전히 '나'라는 사람에 대해 생각해야 한다. 태어난 지 한 달밖에 안 된, 하지만 나이는 많이 먹은 상태라고 생각하면 쉬울 것이다. 무엇에도 물들지 않은 온전한 나의 모습, 그것이 곧 나의 정체성이다.

정체성이 생기면 나도 모르게 그 정체성을 발산한다. 그 발산이 곧 메시지가 되는 것이다. 메시지가 강해지면 더 눈에 띄는 모습으로 사람들에게 무언가를 제공하게 된다. 다시 말해 정체성은 메시지의 전 단계라고 볼 수 있다.

자신의 정체성을 명확히 아는 사람은 세상에 어떤 메시지를 던져야 할지 아는 사람이다. 세상을 위해 무엇을 해야 할지 아는 사람이다. 만약 뭘 해야 할지 모르겠다면, 이는 아직 당신의 정체성이 불명확하다는 뜻이다. 정체성이 불명확하면 세상 사람들은 나에게 관심을 갖지 않는다.

내가 가방이 필요할 때 당신을 찾아야 할 이유가 있을까? 내가 습관을 바꾸고 싶을 때 당신을 찾아야 할 이유가 있을까? 나는 어떨 때 당신에게 도움을 요청해야 할까? 당신은 이에 대답할 수 있는가? 없다면 만들어야 한다. 이때 내가 무엇이 되고 싶은지보다 타인의 요청을 들어줄 수 있는지에 대해 고민해봐야 한다. 정체성의 중심을 내가 아닌 타인에게 두는 것이다.

이처럼 정체성은 내 안으로부터 찾을 수도 있지만 타인의 니즈를 통해 역으로 찾을 수도 있다. 후자의 방법이 정체성을 더 빨리 찾는 방법이다. '나는 타인을 위해 무엇을 해줄 수 있는가?'를 정체성을 찾는 시작점으로 삼아야 한다.

그렇다면 본격적으로 정체성을 찾기 위한 여정을 떠나보자. 가장 쉬운 방법은 자기소개 글을 써보는 것이다.

정체성의 비밀 1. 자기소개에 숨겨진 진실

사람들의 시작을 응원하는 모임인 시작 캠퍼스의 첫날이면 나는 제일 먼저 모든 참가자에게 1분 내외로 자기소개를 해달라고 한다. 그러면 5분의 준비 시간 동안 세미나룸은 숨 막히는 정적에 휩싸인다. 자기가 하고 싶은 일을 찾기 위해 온 사람들이니 자기소개를 하라고 했을 때 얼마나 고민이 많았을까. 참가자들은 조심스럽게 자신의 생각을 미리 나눠준 스케치북에 적고 있었다. 5분이란 시간이 금세 지나고 한 명씩 자기소개가 시작되었다.

"안녕하세요. 저는 서울 마포구에서 왔고요. 딸 하나, 아들

하나를 키우는 워킹맘입니다. 저도 세상에 뭔가를 제공하는 사람이 되고 싶어 찾아왔습니다."

실은 이것보다 더 길게 이야기했지만 짧게 줄였다. 그분은 본인이 어디에 사는지, 가족 구성은 어떤지 이야기했다. 다른 사람의 소개가 이어졌다.

"안녕하세요. 저는 삼성화재에서 보험 영업 일을 10년 넘게 했습니다. 상품에 대한 세일즈 말고, 제가 잘하고 좋아하는 걸 사람들에게 줄 수 있지 않을까 고민을 했는데 답을 찾지 못했어요. 생각해본 주제는 많은데 시작을 어떻게 해야 할지 몰라 찾아왔습니다."

이 사람은 자신이 회사에서 어떤 일을 하고 있는지를 제일 먼저 이야기했다. 그 일과 내가 앞으로 하고자 하는 일이 잘 매칭이 안 된다는 이야기도 했다. 다른 한 분은 자신을 이렇게 소개했다.

"안녕하세요. 저는 설계사무소에서 3년 정도 일을 했어요. 회사에 다니면서 이 일이 적성에 맞지 않는다는 걸 알았습니다. 회사를 나와서 뭘 해보면 좋을까 생각하다가 유튜브로 혼자 사는 분들의 인테리어 가설계를 해주면 어떨까 하는 아이디어가 떠올랐는데, 어떻게 사업화를 해야 하는지 잘 모르겠어요. 잘 부탁드립니다."

자기소개를 들으니 어떤 생각이 드는가? 평소 자신이 해왔던 자기소개와 비슷한 게 있는가? 아마도 대부분 첫 번째 자기소개와 비슷하지 않을까 생각한다. 일상에서 자기소개를 할 일이 별로 없기 때문에 자기소개 요청을 받으면 매번 쑥스럽다.

하지만 자기소개는 자신의 최우선 가치관이 무엇인지, 왜 지금 알을 깨고 나오지 못하는지 대번에 알 수 있는 가장 정확한 척도다.

자기를 잃어버린 사람들

자기소개를 시켜보면 10명 중 여섯 명은 지금 어디에 사는지 그리고 누구의 아빠, 엄마인지 이야기하곤 한다. 이 사람에게 가장 중요한 가치는 사는 곳과 가족이다. 그러니 자신을 '누구 엄마예요', '두 딸의 아빠입니다'라고 소개하는 것이다. 물론 부모가 되면 대부분 자식이 우선순위에 놓인다. 삶의 중심이 보통 자식 위주로 흘러간다. 하지만 분명 '자기'소개인데, 이곳에서만큼은 내가 주인공이어야 하는데 여전히 자녀를 주인공으로 내세운다. 아이러니한 일이다.

유재석 씨에게 자기소개를 시켰을 때, 과연 유재석 씨가 '안녕하세요. ○○○ 아빠 유재석입니다'라고 할까? 아닐 것이다. 손흥민 선수에게 같은 질문을 해도 답은 같을 테다. 누군가의 엄마라는 건 나의 존재는 전혀 없다고 말하는 것과 같다. 누군가에게 뭔가를 제공하는 사람이 되고자 해서 찾아온 세미나에서 자신을 '누구의 엄마'라고 소개를 하는 건 '나는 내 자식만 바라보는 사람입니다. 당신에겐 관심 없습니다'라는 의미로 들린다.

너무 극단적인 이야기 아니냐고? 맞다. 억지스러운 면이 있는 건 나도 안다. 하지만 일부러 조금 극단적으로 이야기할 필요가 있다. 혹시라도 인터넷에서 '○○맘', '○○ 아빠' 같은 닉네임을 쓰고 있다면 당장 바꾸는 걸 추천한다.

진짜 내가 좋아하는 일을 하려면 배우자보다, 자녀보다, 심지어 부모보다 내가 먼저여야 한다. 내가 있고, 그다음에 가족이 있는 것이다. 순서를 바꾸면 결코 안 된다. 그리고 그게 결코 가족에게 미안한 일도 아니라는 점을 기억해야 한다. 나를 제일 사랑하고, 그 사랑이 넘쳐서 가족에게 흘러가면 된다. 가족 또한 자신을 제일 사랑하고, 그 사랑이 흘러넘쳐 나에게 흘러온다면 고마운 일일 것이다.

사람은 무의식적으로 타인의 자기소개를 들으면 내가 얻을 수 있는 게 무엇인지, 자신의 이득부터 생각한다. 자기소개에는 이에 대한 답이 있어야 한다. 이 책을 읽고 있는 당신은 현재의 삶이 아닌 지금과 전혀 다른 삶을 꿈꾸는 사람일 것이다. 그렇다면 기존과 전혀 다른 자기소개가 필요하다.

10명 중 세 명은 본인의 회사 소속과 직업을 밝히거나 회사

명함을 건네기도 한다. 하루에 가장 많은 시간을 회사에서 보내고 오랜 시간 그 일을 했기 때문에 회사나 직업이 어느 순간 자신의 정체성이 된 것이다.

만약 오랜 시간 그 일을 해왔고 지금도 최선을 다해서 하고 있으며, 그 일에 대한 프라이드도 매우 강하다면 그렇게 말해도 상관없다. 그런데 그 일을 정말로 좋아하지 않으며 하루라도 빨리 퇴사를 하고 싶다면, 그건 나의 정체성이라고 볼 수 없다. 내가 버리고 싶은 정체성으로 타인을 도와줄 수는 없는 법이다. 이런 경우라면 내가 원하는 삶을 가장 잘 보여줄 수 있는 정체성을 재정립해야 한다.

남은 10명 중 한 명은 현재 상황을 설명한다. 저는 퇴사 준비생입니다, 저는 현재 백수입니다, 어떻게 해야 할지 고민입니다, 저는 5년 동안을 일을 하다가 지금은 그만두고 육아를 하고 있습니다 같은 식이다. 여기에서 주인공은 '상황'으로, 이 자기소개 역시 내가 누구인지에 대한 내용이 빠져 있다.

한 문장으로 나를 설명하라

자기소개는 정체성의 다른 말이다. 내가 참여자들에게 가장 먼저 자기소개를 시키는 이유인데, 정체성이 분명하고 잘 짜인 자기소개는 앞으로의 행보를 더욱 수월하게 만든다.

그렇다면 자기소개에서 가장 중요한 건 무엇인지, 어떻게 해야 하는지 상세히 알아보도록 하자. 자기소개 내용에 다음 질문의 답이 들어있다면 자신의 정체성에 부합한다고 볼 수 있다.

- 나를 한 문장으로 설명할 수 있는가.
- 누군가의 엄마, 어느 회사의 직원이 아닌 내가 주인공인가.
- 타인을 위한 동사Give가 들어가는가.
- 내 도움을 받는 사람Taker이 누구인지 드러나는가.
- 내가 제공하는 도움이 많은 사람에게 필요한 것인가.
- 자기소개에 앞으로의 방향성이 보이는가.
- 내 앞날을 응원하고 싶다는 생각을 들게 하는가.
- 내게 따로 연락하고 싶다는 생각을 들게 하는가.

질문이 모호하다고 생각되는 부분들도 있을 것이다. 실제 예시를 통해 살펴보자. 아래는 나의 자기소개 글이다.

간략 버전

"안녕하세요. 유튜브 채널 '푸릉_렘군'을 운영하는 렘군입니다. 저는 많은 사람이 자산을 빠르게 불릴 수 있도록 도와주는 일을 하고 있습니다."

상세 버전

"안녕하세요. 유튜브 채널 '푸릉_렘군'을 운영하는 렘군입니다. 저는 많은 사람이 자산을 빠르게 불릴 수 있도록 도와주는 일을 하고 있습니다. 저는 크게 두 가지 일을 합니다. 하나는 자산을 지키고 불리는 방법을 알려주는 부동산 교육을 하고 있고요. 다른 하나는 아무것도 없는 사람이 새로운 일을 시작하려 할 때 알아야 할 것들을 안내하고 있습니다. 만나서 반갑습니다."

자기소개에서는 명확한 동사가 제일 중요하다. '저는 삼성전자에서 반도체 연구를 합니다'라고 하면 여기에는 명사(삼성전자, 반도체, 연구)만 존재할 뿐 유의미한 동사가 전혀 없다. 자기소개를 할 때는 타인에게 뭔가를 제공하거나 도와주겠다고 하는 동사가 필수다.

'저는 부동산 투자자 렘군입니다'라고 소개하면 어떨까? 극단적으로 이야기하면 이는 자기 혼자 투자 열심히 해서 잘 먹고 잘살겠다는 뜻이고, 상대방에겐 전혀 관심조차 없다는 말로 들릴 수도 있다. 하지만 앞서 예시에는 동사가 있었다. 바로 '자산을 빠르게 불릴 수 있도록 돕는다'는 부분이다. 대상자는 '많은 사람'이다. 범위가 굉장히 넓다. 재능을 나를 위해서만 쓰지 않고 타인을 위해 쓴다고 표현하면 듣는 이들은 보통 긍정적인 반응을 보인다.

"자기소개 잘 들었습니다. 제가 간절히 원했던 부분이에요. 자산을 불리고, 내가 좋아하는 일까지 하는 거요. 언젠가 따로 연락드려도 될까요?"

　나의 자기소개에서 주인공은 온전히 나 '렘군'이고 사는 곳, 가족, 회사 이야기는 전혀 나오지 않는다. 일반적인 자기소개와 확연히 다른 점이 느껴질 것이다. 별것 아닌 것 같지만 자기소개에는 이렇게나 큰 의미가 담겨 있다. 상대방에게 무의식적으로 전달되는 '메시지'가 들어 있는 것이다.

　자기소개에서 명확하게 자기 자신에 대해 이야기할 수 있는 사람은 정체성을 찾은 사람이다. 자신의 정체성을 모르던 사람이 하루아침에 정체성을 찾을 수는 없다. 그건 욕심이다. 최소 1년, 길게는 10년이 걸릴 수도 있는 일이다. 나도 그랬다. 몇 번이나 나의 정체성을 수정했는지 모른다. 그리고 매년 달라졌다. 찾고자 하는 노력을 멈추지 않으면 분명히 찾을 수 있다.

　나는 정체성을 찾아헤매는 사람들에게 자신이 어떤 인생을 살고 싶은지 완성된 모습을 노트에 자주 써보길 권한다. 그리고 책의 저자, 성공한 기업가 등을 벤치마킹하면 더욱 좋다. 그들이 어떻게 자신을 소개하는지 살펴보고 내가 그 모습이라면 어떨지 상상하는 것이다.

또한 아직 한참이나 먼 이야기 같지만 내가 하고 싶은 일을 만천하에 알려보는 것도 좋다. 이때는 주위 사람이 아닌 불특정 다수에게 공개해야 한다. 그 꿈과 관련된 일을 조금씩 하다 보면 내게 어울리는 일인지 알게 될 것이다.

자기소개는 최소 1년에 한 번씩은 업데이트를 해야 한다. 인간은 성장하는 존재고, 내가 성장한 만큼 정체성도 바뀌는 것이 자연스럽다.

절대 변하지 않는 자기소개를 만들려고 하지 마라. 만약 내가 회사원인데 회사 생활 외에는 특별히 하는 것이 없거나, 평범한 주부인데 앞으로 뭘 해야 할지 몰라 자기소개 하는 것이 어려운 사람도 있을 것이다. 괜찮다. 지금부터 어떻게 정체성을 찾을 수 있는지 알아볼 것이다.

지금 당장 완벽한 자기소개를 만들 필요는 없다. 그보다는 자기소개 안에 가치관이 담겨 있다는 사실을 먼저 깨달아야 한다. 혹시 타인에게 무엇을 제공할 수 있을지 모르겠다면 그 심각성을 빨리 깨닫고 정체성을 찾는 데 내 모든 에너지를 쏟아부어야 한다. 정체성을 찾지 못해 앞으로 살펴볼 아웃풋을 시작조차 못할 수도 있다.

정체성의 비밀 2.
나를 가로막고 있는 것은 무엇인가

잠시 책을 덮고 스케치북이나 노트를 준비한 뒤 내가 되고 싶은 모습, 한 번이라도 생각했던 꿈, 막연하게나마 세웠던 계획 등 여러 가지를 적어보자. 지극히 현실적이거나 반대로 완전히 말이 안 돼도 괜찮다. 나의 진짜 욕망에 관해 브레인스토밍해보는 것이다. 나는 어떤 사람인지, 무엇을 해야 하는지, 타인에게 무엇을 제공할 수 있는지 자유롭게 생각하다 보면 실마리를 찾을 수 있다.

물론 바로바로 떠올리는 것이 쉽지는 않을 것이다. 그 이유는 주로 자기 자신에 있는 경우가 많다. 아래 목록을 살펴보며 이 중에서 몇 개나 해당하는지 체크해보자.

1. 나에 대해 고민하지만 바쁘다는 핑계로 제대로 답을 찾지 않고 일상으로 복귀한다.
2. 시작부터 완벽한 모습의 나를 찾으려고 한다.
3. 끊임없이 고민만 할 뿐 그 어떤 시도도 하지 않는다.
4. 내가 진짜 원하는 것이 아닌 남들이 하고 있는 것, 남들이 좋다고 여기는 것부터 생각한다.
5. 나를 믿지 못하고, 스스로를 별 볼 일 없는 사람으로 생각한다.

6. 세상은 안중에 없고 나 중심으로 생각한다.

7. 나를 드러내지 않고 잘될 방법을 생각한다.

8. '지금 하는 일로도 사는 데 문제없는데 내가 뭘 더 해야 할까? 그냥 회사 일에 충실한 게 낫지 않나?'라고 생각한다.

9. 시간을 많이 쓰지 않고 최대의 가성비만 추구한다.

당신은 이 중에서 몇 가지나 해당하는가? 항목 하나하나를 보면 시장 상황이나 타인이 나를 가로막는 게 아님을 알 수 있다. 나의 행동을 가로막는 건 모두 나의 생각이다. 온갖 핑계를 대며 안 되는 이유를 늘어놓지만 그 원인은 주로 나로부터 시작한다. 게으름, 완벽주의, 과도한 눈치 보기 등 당신은 그 생각에 설득당하고 있는 것이다.

가령 위 목록의 일들과 완전히 정반대의 행동을 한다고 생각해보자. 완벽하지 않아도, 눈치 보지 않아도 아무 일도 일어나지 않는다. 뭐라고 하는 사람도 없다. 오히려 아무것도 하지 않았을 때보다 더 많은 가능성이 열린다.

정체성은 하루아침에 갑자기 나타나는 것이 아니다. 정체성은 모든 가능성을 생각하고, 그걸 행동으로 옮기면서 '나도 이런 걸 할 수 있구나, 사람들은 이런 걸 원하는구나' 하며 깨달아가는 것이다.

정체성은 나 혼자 만드는 게 아니다.

정체성은 타인의 피드백과 함께 만들어지는 것이다.

정체성은 사람들이 나를 인식하는 모습이다.

나의 본질적인 성향과 연관이 있지만

오직 나의 생각만으로 완성되는 것은 아니다.

다시 한번 위의 목록을 보자. 1번은 게으른 사람이다. 2번은 완벽주의자다. 3번은 철두철미한 기획자 스타일이고 4번은 자신의 욕망조차 남들을 따라가는 줏대 없는 사람이다. 5번은 자존감이 낮거나 나를 제대로 사랑할 줄 모르는 사람이다. 6번은 세상 물정 모르는 독불장군이다. 7번은 타인의 눈치를 너무 많이 보는 겁쟁이 사자다. 8번은 절실함이 부족한 아직은 배부른 사람이다. 9번은 과정보다 결과만 쫓는 사람이다.

내가 만났던 수많은 사람은 하나같이 위와 같은 이유를 들며 피라미드에 갇힌 삶을 살기를 선택했다. 나는 그들의 이야기를 들으며 모든 문제는 결국 스스로에게 있다는 걸 깨달을 수 있었다.

타인이 타인의 고정된 사고방식을 깨부수는 방법은 없다. 욕심 많은 사람에게 욕심 없애는 법을 알려줄 수 없는 것처럼 말이다. 이 문제를 해결해야 하는 건 오로지 당신의 몫이다.

정체성의 비밀 3. 결핍을 원동력으로 바꾸기

인간이라면 누구에게나 결핍이 있다. 내가 유튜브 채널에서 주로 이야기하는 키워드는 부동산, 돈, 성공, 정체성, 공부, 책이다. 이것들은 하나같이 나의 결핍에서 시작되었다.

어린 시절, 우리집은 경제적으로 넉넉하지 않았고 돈은 나에게 가장 큰 결핍이었다. 그래서 조금 철이 일찍 들었던 것도 같다. 초등학생 때 늘 '엄마, 과자 사 먹게 100원만 주세요' 했던 기억이 선명하다. 보통 어머니는 100원을 주었는데, 어떤 날은 200원을 손에 쥐여주는 게 아닌가. 정말 기분이 좋았지만 그 어린 나이에도 200원은 과하다는 생각이 들어 100원을 돌려드렸다. 어린 시절 나의 목표는 얼른 어른이 돼서 돈을 버는 것이었다.

독립을 위해 5년 동안 급여의 70퍼센트를 저축한 돈으로 전셋집을 구할 때 이야기다. 전세 물건이 너무 귀해서 매매가를 확인했는데 집값이 2년 만에 세 배가 오른 것을 보고 충격을 받았다. 부동산 상승장을 놓쳤다는 걸 뒤늦게 깨닫고 내 집 마련은 영원히 끝났구나 싶었다.

부동산은 나에게 커다란 결핍이었다. 친구는 2년 전에 내 집 마련을 해서 엄청난 시세 차익을 얻었는데 나는 그동안 뭘한 것일까? 회사 일만 미친듯이 한 내가 정말 어리석다는 생각이 들었다. 그날부터 나는 전국을 두 바퀴를 돌며 부동산에 미친 전국 투자자가 되었다. 이 과정을 블로그에 차곡차곡 공유하면서 부동산 분야 파워 블로거가 되었다. 나의 결핍을 쫓아갔더니 내가 원하는 것이 보였다.

나는 어릴 때부터 공부와 거리가 멀었다. 초등학생 때 성적표를 받아가면 '양'과 '미' 천지였다. 그랬던 나였지만 군대를 다녀오고 완전히 바뀌었다. 군대 병장 시절, 시간이 너무 많아 심심해서 책을 많이 읽었는데 그때부터 책이 좋아졌던 것이다. 어릴 때는 책을 볼 만한 환경이 아니어서 많이 읽지 못했다. 부모님이 책을 사주신 적도 없고 내가 사달라고 한 적도 없다 보니 집에 읽을 책이라곤 하나도 없었다. 그만큼 책의 중요성 자체를 모르고 살았던 것이다. 병장이 되어서야 나는 책에 대한 결핍이 있다는 사실을 알게 되었다. 책을 읽는 순간은 너무 행복했다.

군 제대 후 대학교 도서관에서 책을 원 없이 빌려보면서 지금의 독서 습관이 생겼다. 그렇게 어려운 순간이 올 때마다 나에게 꼭 필요한 책은 내 손에 쥐어져 있었다. 그 책들이 지금의 나를 만들었다.

과거의 나는 결핍덩어리였다. 그러나 시간이 지나 돌아보니 결핍은 나에게 엄청난 자양분 그 자체였다. 내가 정말 원하는 것이 무엇인지 명확히 인지하게 해줬기 때문이다. 이렇게 정체성은 결핍으로부터 발견된다.

나는 결핍이 많아 원하는 것을 얻어내고자 하는 간절함이 컸다. 그래서 남들보다 더 적극적으로 행동했고, 그랬더니 대부분 이루어졌다.

당신의 결핍은 무엇인가. 하고 싶은 것을 아주 멀리서 찾으려 하지 마라. 지금 당신 앞에 정체성이 발견되기를 기다리고 있다.

정체성의 비밀 4. '미래의 나'를 따라가라

정체성을 찾아나가려 할 때 가장 흔히 하는 실수 한 가지가 있다. 바로 과거에서 나를 찾으려고 하는 것이다. 어릴 때 나는 어떤 아이였는지 써본다. 사회생활을 하고 나서 나는 어떤 사람이 되었는지 써본다. 지금의 나는 어떤 모습인지 써본다. 그 점들을 연결한다. 그리고 그 연장선에서 미래에 나는 무엇을 해야 할지 생각하는 식이다.

어릴 때부터 성인이 된 지금까지 나는 어떤 사람이었는지, 과거에 뭘 좋아했었는지 등 과거에서 나의 가능성을 끄집어내려는 사람들이 있다. 좋은 생각은 아니다. 과거의 경험으로부터 나의 결핍을 생각해보는 것까지는 괜찮다. 결핍을 뒤집으면 내가 무엇을 원하는지가 나오니까. 하지만 과거 나의 모습에서 미래의 모습을 떠올리는 건 앞으로의 행보에 별로 도움이 되지 않는다.

시간이 지나 되돌아보면 내가 했던 모든 것은 점으로 연결된다. 하지만 과거의 점으로 미래의 점을 예상할 수는 없다. 10년 후의 내 모습이 과거 10년 전 모습이라 생각해보면 기분이 썩 좋지는 않을 것이다. 물론 과거의 내 생각, 성격, 말투, 습관, 행동, 가치관 중에는 잘 변하지 않는 것도 분명히 있다. 하지만 성공으로 가는 과정 속에서 상당한 변화를 겪는 것이 더 자연스럽다.

내 기준을 '미래의 성공한 나'에 두면 어느 순간 나는 성공한 사람처럼 생각하고, 말하고, 그들처럼 행동하게 된다. 시간이 지나 내 모습을 보면 내가 이렇게 변했구나 싶을 것이다.

실제 나 역시도 그렇다. 과거의 내 모습과 지금의 나를 비교하면 변하지 않는 어떤 성향은 있으나 그 밖의 요소는 다 변했다. 자신감, 집중력, 자기애, 실행력, 대화법, 전달력, 기획력 등 그 어떤 것도 같은 모습이 없다. 지금의 나는 부족한 것도 많지만 앞으로 10년 뒤에는 더 나은 내가 될 것을 믿어 의심치 않는다.

진짜 나의 모습은 과거에서 찾으면 안 된다.

미래의 완성된 내 모습에서 찾아야 한다.

미래의 내 모습이 현재의 모습이라고 믿어보자.

그동안 내가 해온 게 아니라

앞으로 내가 하고 싶은 것, 갖고 싶은 것,

되고 싶은 것이어야 한다.

정체성의 비밀 5. 나만 모르는 나의 강점

새벽 기상, 부지런함, 끈기 등도 한 사람의 정체성이 될 수 있다. 많은 사람이 그것만으로는 정체성을 만들기 어렵다고 생각하는데, 아무래도 성격이나 성향 등은 타고나는 부분이라 여겨지기 때문이다.

누군가 '제 정체성은 아침형 인간입니다'라고 하면 '우리 부모님이 더 아침형 인간 같은데, 당신은 뭐가 더 특별하죠?'라고 반문할지도 모른다. 그럼에도 아침형 인간을 주제로 한 책은 세상에 넘쳐난다. 이건 무엇을 의미할까? 사람들의 공감대를 불러일으킬 수 있는 것도 그 자체로 정체성이 될 수 있다는 의미다.

나는 평소에 상대방이 가진 강점을 잘 발견하는 편이다. 그들의 강점을 알아차리면 그냥 넘어가지 않고 반드시 이야기를 해준다. 한번은 대화를 나눌 때마다 상대방의 기분을 좋게 만드는 능력을 가진 한 수강생이 있었다. 단순히 배려를 잘한다의 수준을 넘어 그녀의 대화법은 모든 사람을 기분 좋게 만들었다.

어느 날 그녀와 대화를 나누다가 내 둘째 아이에 대한 이야기가 나왔다. 당시 둘째 아이는 네 살이었는데, 자립심이 강해서인지 위험한 횡단보도를 건널 때 내 손을 잘 안 잡으려고 해서 걱정이라고 말했다. 그녀도 어린 아들과 등산을 갔는데 비슷한 경험이 있었다. 어떻게 했냐고 물어보니 그녀는 이렇게 대답했다.

"저는 아이에게 제 감정을 솔직하게 이야기했어요. '○○야, 엄마는 마음이 너무 불안하고 무서워. 네가 산에서 그렇게 장난치다가 넘어져서 다치기라도 할까 봐 말이야. 심장이 너무 뛰어서 그러는데 ○○이가 엄마 좀 붙잡아줄래?' 그 말은 들은 아이는 보디가드가 된 것처럼 제 손을 꼭 잡고 절대 놓지 않더라고요."

나는 그 이야기를 듣고 무릎을 쳤다. 그랬다. 대화를 할 때는 자신의 감정을 잘 전달해야 하는데 내가 중요한 걸 놓치고 있었다는 걸 깨달았다. 나는 당시 아이에게 '횡단보도는 위험해! 빨리 아빠 손 잡아!'라며 내 입장에서 명령하듯 말했다.

내 감정을 잘 전달했다면 분명 아이도 내 손을 잡았을 텐데, 조금은 부끄러우면서도 큰 깨달음을 얻었다.

나는 그녀에게 그런 방식의 대화법은 어디서 배웠느냐고 물었다. 그러자 자신은 대화법을 따로 배워본 적 없으며 누군가와 대화하는 걸 어렵게 느껴본 적도 없다고 했다. 나는 이 이야기를 듣고, 이 사람은 대화 전문가가 되어도 부족함이 없겠구나 하고 생각했다. 아니, 다른 일을 하기보다 대화 전문가가 되는 것이 맞겠다고 생각했다.

대화는 인간이 살아가는 데 가장 기본이 되는 행동이면서도 많은 이가 어려워하는 것 중 하나다. 직장 상사와의 대화, 부모와의 대화, 자녀와의 대화, 부부간 대화 등 대화 문제로 힘들어하는 사람이 많다.

대화라는 주제를 조금만 비틀면 할 수 있는 일이 무궁무진하다. 대화 전문가, 웃음 전도사, 협상 전문가, 위로 멘토, 집중력 멘토, 관계회복 전문가 등 뒤에 수식어를 하나 붙였을 때 어색하지만 않으면 된다.

나는 뛰어난 재능을 가지고 있는데 그게 얼마나 대단한 능력인지 당사자가 모르고 있다는 사실이 안타까워서 그녀에게 당신은 대화 전문가로서 손색이 없다는 조언을 해줬다. 배우지 않았는데 그게 자연스럽게 된다는 건 정말 탁월한 능력이라고 말이다.

몇 년 뒤 그녀는 책 한 권을 썼다. 아이를 내 편으로 만드는 말 사용법을 담은 책이다. 이를 시작으로 그녀는 자신의 강점을 100퍼센트 발휘하며 저자로서, 대화 전문가로서, 기획자로서 즐겁게 살아가고 있다.

그녀의 사례는 특별한 것이 아니다. 당신도 그녀처럼 남들은 없는 작은 강점 하나쯤은 가지고 있을 게 분명하다. 큰 노력 없이 잘하는 것일수록 대수롭지 않게 느껴져 당사자는 잘 모른다. 하지만 '이 정도는 다 하는 것'이라는 그 생각이 특별한 당신의 재능을 썩히고 있다.

지금부터라도 재능에 대해 조금은 열린 마음을 가져보자. 남들은 어려워하는 일을 힘들이지 않고 한 경험이 있는가? 누군가에게는 스트레스인 일이 당신에게는 즐거움을 주는가? 내가 무엇을 잘하는지 돌아보며 자신도 몰랐던 강점을 발견해보자. 강점 하나만 발견해도 앞으로 할 수 있는 일이 많아진다. 강점은 정체성과 가장 친한 친구다.

정체성의 비밀 6. 나를 찾는 매트릭스

미국의 심리학자 조셉 루프트Joseph Luft와 해리 잉햄Harry Ingham이 발표한 '조하리의 창Johari's window'이라는 심리학 이론이 있다. 나를 타인이 아는 부분과 모르는 부분, 내가 아는 부분과 모르는 부분으로 나눠 내가 인간관계에서 어떤 성향인지 보여주는 모델이다. 인간관계의 유형과 마음의 역할을 설명하는 이 이론은 개인의 장단점을 파악하기 위한 방법으로도 많이 쓰인다. 이 개념을 잘 알아두면 우리의 정체성을 찾는데 큰 도움이 될 것이다. 이제부터 조하리의 창을 정체성과 연결해서 설명해보겠다.

① 나와 타인이 모두 아는 나의 모습(열린 창)

나의 장단점은 모두 열린 창Open Area의 영역에서 출발한다. 나와 타인이 모두 아는 내 특징들은 곧 나의 정체성과 직접적으로 연결돼 있다. 이 영역의 내 모습을 자세히 관찰하면 정체성을 쉽게 찾을 수 있다.

② 타인은 알지만 내가 모르는 나의 모습(보이지 않는 창)

타인은 알지만 내가 모르는 나의 모습에서 숨겨진 정체성을 찾을 수 있다. 예를 들면 청소와 정리를 손쉽게 잘하는 사람이 있다고 해보자. 남들은 그보고 정리를 잘한다고 칭찬하는데, 스스로는 대단하지 않게 생각할 수 있다. 이때 청소와 정리는 그 사람의 '보이지 않는 창Blind Area'에 있는 장점이자 정체성이다. 이처럼 '타인이 보는 나'와 '내가 보는 나' 사이의

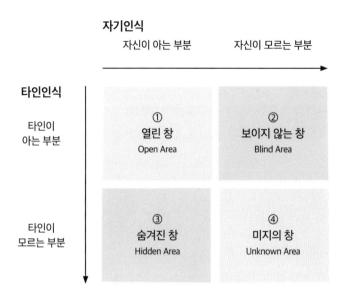

자기인식

자신이 아는 부분 자신이 모르는 부분

타인인식

타인이
아는 부분

① 열린 창 Open Area

② 보이지 않는 창 Blind Area

타인이
모르는 부분

③ 숨겨진 창 Hidden Area

④ 미지의 창 Unknown Area

그림 3-1 조하리의 창

괴리에서 정체성이 탄생한다.

③ 나는 알지만 타인은 모르는 나의 모습(숨겨진 창)

무의식적이든, 의식적이든 숨겨진 나의 모습이다. 이 영역에서 발견되기를 간절히 바라는 보물 같은 정체성이 숨어 있다. 당신이 의식적으로 자신에 대해 숨겼다면 생산자가 되는데 커다란 방해 요소가 된다. 앞서 '정체성의 비밀 2'에서 알아본 것처럼 '나를 드러내지 않고 잘될 수 있는 방법'은 없다.

모든 내 모습을 공개하지 않아도 되지만, 그중 장점이 될 만한 부분이 있다면 세상에 나의 장점을 내놓아야 한다.

④ 나와 타인 모두 모르는 나의 모습(미지의 창)

이 영역은 미지의 세계다. 누군가가 이 영역에서 나의 정체성 혹은 장점을 발견할 것이다. 동시에 발견하면 ①, 타인이 먼저 발견하면 ②, 내가 먼저 발견하여 숨기면 ③이 된다. 가능성이 무궁무진한 것이 ④의 가장 큰 특징이다.

그렇다면 정체성을 찾는 우리는 어느 영역에 제일 관심을 가져야 할까. 바로 ①과 ②다. ①은 모두가 인정한 내 특징이므로 이곳에서부터 정체성을 찾아볼 수 있다. ②는 본인은 잘 모르지만 타인이 공통적으로 나에 대해 피드백하는 부분이다. 주변 사람이 입을 모아 "어떻게 이렇게 잘할 수 있어요?"라고 하는 것을 들어본 적이 있다면, 그게 바로 당신이 몰랐던 강점이다.

어디에나 나의 강점을 봐주는 이가 한 명쯤은 있다.
그들이 당신에게 끊임없이 이야기할 것이다.
그 이야기를 흘려듣지 마라.
있는 그대로 받아들여라.

'맞아! 내가 그렇지! 나는 그게 큰 강점이야. 다른 사람들은 왜 이렇게 쉬운 걸 못하지? 혹시 내가 도와줄 순 없을까?'라고 스스로에게 질문하는 습관을 들여라.

정체성의 비밀 7. 자기표현과 피드백

정체성은 현재 가장 관심 있는 주제와 맞닿아 있다. 지금 무엇에 재미를 느끼는지, 무엇을 더 잘하고 싶은지, 무엇을 하고 있는지 이야기하다 보면 정체성을 발견하게 된다. 내 생각을 자세히 표현할수록 정체성은 더 선명히 드러날 것이다.

무엇을 해야 할지 모르겠다면 사람들에게 나의 답답함을 솔직하게 이야기해보자. 타인의 입에서 예상치 못한 해결책이 나올 수도 있다. 중요한 점은 내가 무엇을 원하는지 확실히 아는 것이다. 자신에 대해서도 잘 모르면서 다른 사람들의 니즈를 찾는다는 것은 어불성설이다. 이제부터 타인의 글을 읽은 뒤, 많이 배웠다고 생각하는 시간을 줄여라.

단순히 타인의 생각만 읽고 깨닫는 것만으로 오래된 관성은 변하지 않는다. '내 생각'을 써야 한다. 세상과 연결된 상태에서 다양한 사람들에게 피드백을 받을 때 나의 정체성을 더 뚜렷하게 발견할 수 있다.

또한 주변 가족이나 친구들에게 이야기하는 것도 그만해야 한다. 자신이 안정감을 느끼는 대상에게는 말을 아주 잘하는데, 그렇지 않은 사람에겐 한마디도 못하는 사람들이 있다. 새로운 생각을 주고받기 위해서는 새로운 사람이 필요하다. 나와 같은 관심사를 공유하는 낯선 사람들이 모인 곳에 가서 이야기하라. 그들의 피드백을 들어라. 그 피드백이 나의 정체성을 만든다.

생각을 글로 표현하기

기왕이면 블로그보다는 나와 비슷한 생각을 가진 이들이 모인 커뮤니티에 글을 써보는 것이 좋다. 당신의 글에 사람들이 어떻게 반응하는지 보라.

처음에는 글을 쓰는 것 자체가 부끄러울 것이다. 별것도 아닌데 이런 이야기를 써도 되는지 망설여질 것이다. 여러 차례 이야기하지만 그냥 써도 된다. 아무 일도 일어나지 않는다. 쓰고 나서 민망할 수도, 우려와 달리 댓글 하나조차 안 달릴 수도 있다. 제목만 봐도 전혀 읽고 싶은 생각이 들지 않아 조회수가 처참할 수도 있다. 그렇다고 인생이 크게 불행해지거나 달라지지는 않으니 걱정 말라. 하나도 손해 보는 일이 아니다.

아무도 당신에게 노벨문학상 받을 만한 글을 쓰라고 하지 않는다. 초등학생 수준의 글쓰기라도 생각이 신선하고 재미있다면 사람들은 귀를 기울여준다. 때로는 열광하기도 한다.

일단 생각을 글로 내뱉어라. 그리고 남들이 다 볼 수 있는 곳에 꾸준히 올려라. 블로그, 인스타그램, 페이스북 모두 좋다. 누가 안 잡아간다. 글 하나 쓰는 데 돈도 들지 않는다. 쓸 내용이 없으면 최소한 하루 일기라도 써라. 대신 '오늘의 일기' 같이 아무 의미 없는 제목은 달지 마라. 그보다는 '좋아하는 일을 찾고 싶고, 지금보다 훨씬 많은 돈을 벌고 싶다'라고 써라. 전자의 제목보다 10배는 더 클릭할 것이다.

일기에는 무엇을 했는지 시간순으로 나열하기보다는 현재 나의 결핍에 대해 그대로 써라. 나는 이러이러한 생각이 있지만 도저히 무엇부터 해야 할지 모르겠다고 솔직하게 써라. 혹시 좋은 방법이 있다면 알려 달라고 하라. 대단한 정보를 주는 글보다 더 많은 댓글이 달릴 가능성이 크다. 당신에게 동질감을 느끼기 때문이다.

자기표현의 장점은 무수히 많다. 글을 쓰다 보면 나 자신과 대화를 많이 하게 된다. 또한 다른 사람들의 관심사가 나와 크게 다르지 않다는 것도 알게 되고, 그들의 수준이 어느 정도인지도 알게 된다. 심지어 나보다 잘하는 사람도 계속해서 노력한다는 것을 발견하기도 한다.

아주 작은 지식을 나눠준 것만으로도 감사함을 전하는 이도 있다. 그런 사람들을 만나다 보면 어쩌면 내가 이들을 도와줄 수도 있겠다는 생각이 드는 순간도 온다. 자발적으로 한 일에 대한 타인의 인정이 주는 만족감을 느끼게 되는 것이다. 그 인정이 나의 정체성을 강하게 만든다. 자기표현의 힘이다.

나는 틀릴 수 있는 사람이다

글을 써서 꼭 대단한 정보를 줘야 한다는 생각은 착각이다. 당신이 지금 이 책을 읽고 나서 책 내용에 대한 글을 쓴다고 해보자. 얼마나 잘 요약해서 알려줘야 할까? 책 내용을 완벽히 다 이해하지 못했는데 내가 대체 무슨 말을 할 수 있을까 싶을 것이다. 그런 걱정은 전혀 하지 않아도 된다. 그냥 오늘 저녁에 애들 재우고 나를 찾기 위해 책을 폈다는 이야기를 하라. 오늘 회사에서 많이 힘들었지만 이렇게 노력하는 내 모습을 칭찬해주고 싶다고 하라. '열심히 읽고 깨달은 게 있다면 정리해서 알려드릴게요' 한마디만 추가하라.

아마도 독서 후기를 멋지게 요약한 글보다 '지금 책상 앞에 앉았어요'라고 말하는 글에 더 많은 추천과 댓글이 달릴 것이다. 사람들은 '넘사벽'이 아닌 나보다 한 걸음 더 나아간 사람에게 공감하기 때문이다. 그러니 대단한 글을 적어야 한다는 착각 속에서 빨리 빠져나와라.

내 생각을 잘 표현하는 수준을 지나고 나면 나중에는 특정 주제에 대한 심도 있는 내용을 쓰는 순간이 온다. 주제가 뾰족하면 그만큼 관심 있는 사람들을 더 세게 끌어당긴다. 그러다 보면 다른 생각을 가진 이들도 만날 수 있고, 타인의 평가도 함께 듣게 될 것이다.

'틀리면 어떡하지'보다는 '나는 틀릴 수 있는 사람이다'라고 생각하며 솔직하게 써라. 나는 완벽한 사람이 아니니 걸러서 듣되, 분명히 누군가에게 도움이 되는 이야기일 것이라고 써라. 그런 마음이 사람을 움직인다.

타인의 질타와 모욕에 대해 미리 겁내지 마라. 내용이 형편 없으면 시간이 아까워 댓글도 달리지 않는다. 당신이 걱정할

▶ 자기표현을 하고 피드백을 받으면서 미지의 영역을 개척한다.
▶ 자기표현을 통해 사람들을 감동시킨다.

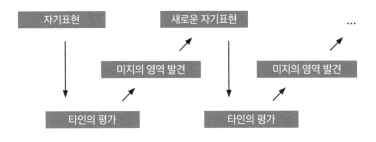

그림 3-2 자기표현을 통해 나를 알아가는 과정

건 오히려 반응이 없는 것이다. 내용이 괜찮거나 공감되는 부분이 있다면 분명히 댓글이 달린다. 내용이 좀 부족해도 공감대를 형성할 수 있다면 그것도 좋다. 중요한 건 댓글, 즉 다른 사람들의 피드백이다.

이러한 피드백을 통해 나의 정체성을 빨리 발견할 수 있다. 어떨 때는 내가 몰랐던 미지의 영역을 발견하기도 한다. 이처럼 정체성은 자기표현의 결과가 아니라 과정이다. 누구든 정체성을 찾고자 한다면 이러한 과정을 거쳐야 한다.

자기표현의 방식이 꼭 글쓰기일 필요는 없다. 자신에게 맞는 방식을 찾으면 그만이다. 세상을 향해 외치면서 지속적인 피드백을 통해 정체성을 만들어가면 되는 것이다.

정체성의 비밀 8. '좋아한다'의 오류

세상에는 불편하지만 받아들여야 하는 진실이 있다. 자신이 좋아하는 것만 고집하다 보면 정체성을 찾기 어려워진다는 것이다. 한 번 생각해보자. 그냥 여행 가는 게 좋을까? 여행 가서 유튜브 영상을 찍은 뒤, 업로드하는 게 좋을까? 당연히 전자일 것이다. 전자는 가치를 나에게 부여하는 것이고, 후자는 가치를 세상에 제공하는 것이다.

여행뿐만 아니라 공부도 마찬가지다. 그냥 좋아하는 책을 마음 편히 읽으면 즐겁다. 하지만 매주 책 한 권을 읽고 리뷰를 작성하라고 하면 책 읽기가 싫어질 것이다. 인풋은 즐겁지만 아웃풋은 하기 힘든 일이 된다. 일회성으로 끝나는 일은 즐겁지만 의무적으로 반복하는 일은 대부분 싫어지기 마련이다.

이렇게 좋아하는 일과 좋아하지 않는 일은 명확하게 나뉜다. 신기하게도 대부분의 돈이 되는 일은 내가 좋아하지 않는 형태로 진행되곤 한다. 아이디어나 주제, 장르로 결정되는 게 아니라 그 일을 제공하는 '형태'에 따라 좋고 나쁨이 갈리는 것이다. 사람들이 좋아하는 일은 대부분 소비자 영역에 있다. 반면 돈이 되는 일은 생산자 영역에 속한다.

좋아하는 일 vs. 잘하는 일

당신에게 좋아하는 일과 잘하는 일 중에 고르라고 하면 어떤 것을 선택하겠는가. 머리로는 잘하는 일을 선택해야 한다는 것을 알지만 결국에는 좋아하는 일을 선택한다. 잘하긴 해도 그걸 좋아하지 않으면 하고 싶어 하지 않는다.

만약 컴퓨터 프로그래밍을 기가 막히게 잘하는데 그 일을 썩 좋아하지 않는다면, 회사를 나와서도 하려 하지 않을 것이다. 오히려 색다르고 그동안 못 해본 일 중 관심 가는 일을 할 것이다. 그런데 그 선택이 맞는지는 더 깊이 생각해봐야 한다.

▸ 좋아하는 일은 소비자의 삶이고, 돈이 되는 일은 생산자의 삶이다.

좋아하는 일	돈이 되는 일
가치 → 나	가치 → 세상
먹다	만들다
사다	팔다
읽다	쓰다
인풋	아웃풋
즐기다	희생하다
자유분방	중압감
일회성	의무적 반복
소비자 팀	생산자 팀

그림 3-3 좋아하는 일 vs. 돈이 되는 일

좋아한다는 것에는 많은 오류가 내포되어 있다. 첫째, 좋아하는 건 취향일 뿐이다. 취향은 쉽게 바뀐다. 처음에는 좋아 보였는데 깊숙하게 들여다봤을 때 안 좋은 게 많이 보이면 언제든 말을 바꿀 수 있다.

둘째, 세상의 중심은 내가 아니다. 나는 세상이 필요로 하는 것을 제공하는 사람이 되어야 한다. 앞서 정체성의 방향은 타인을 향해야 한다고 했다. 좋아하는 건 취미로 하면 된다. 취미와 일을 일체화시키려 하지 마라. 취미가 일이 되는 순간 그 일은 전혀 즐겁지 않게 된다.

오히려 좋아하는 일보다 잘하는 일을 선택했을 때 잘될 확률이 더 높다. 이미 잘하는 일이기 때문에 배움의 시간이 줄어든다. 문제는 그 일을 싫어하게 됐을 때 발생한다. 잘 생각해보면 처음부터 싫었던 것은 아니었을 테다. 어느 정도 좋아했으니 시작을 했고, 꾸준히 했으니 잘하게 됐을 것이다. 하지만 오랫동안 같은 일을 하면서 관성과 타성에 젖어 싫어지기도 한다. 혹은 그 일은 괜찮은데 일을 하는 방식이 마음에 들지 않을 수도 있다.

개발 업무를 예로 들어보자. 개발 업무에는 일을 시키는 사람과 그의 요구대로 만들어내야 하는 사람이 있다. 이때 납득할 수 없는 요구인데도 들어줘야 하거나, 빈번히 수정하는 프로세스가 맘에 들지 않아 그만두고 싶을 때가 있다. 이 경우 그 일을 회사 밖으로 나와서 해보도록 하자. 클라이언트의 요구에 맞춰 개발하지 않고, 직접 서비스를 만드는 것이다. 이런 서비스를 제공하면 같은 일을 하면서도 전혀 다른 성취감을 맛볼 수 있다. 일의 형태를 완전히 바꿀 수 있는 것이다.

나처럼 타인이 시키는 일을 잘하지 못하는 사람이 분명히 많을 것이다. 내가 좋아하는 일을 얼마든지 좋아하는 방식으로 할 수 있다. 일 자체가 싫은 것인지 주변 환경이나 진행 방식이 싫은 것인지 잘 구분해야 한다.

세상이 필요로 하는 일을 하자

좋아하는 일이란 지극히 '나' 중심적이다. 내가 좋아하는 걸 세상 사람들도 좋아하면 그것만큼 신나는 일은 없을 테다. 작곡을 좋아하는데, 많은 사람이 내가 만든 음악을 좋아해준다면 무슨 말이 더 필요할까? 문제는 나는 좋아하는데, 사람들이 큰 관심을 두지 않는 경우다.

예를 들어, 아이들이 아침밥을 자주 거르는 게 안타까워 '학교 앞에 토스트 가게를 차려서 저렴한 가격으로 판매하고 수익의 일부는 기부해야지'라고 생각했다고 하자. 그리고 마음에 맞는 동업자 한 명과 토스트 가게를 차린다. 장사가 잘될 거라 생각했는데 의외로 장사가 안 된다.

왜 나의 좋은 의도를 세상은 알아주지 않는 것일까. 바로 '나' 중심으로만 생각했기 때문이다. 내 의도가 좋다고만 생각하고 좋은 사람으로 비치는 것이 최우선이었던 것이다. 하지만 학생들은 토스트가 아닌 다른 음식을 원했거나, 아예 아침 먹는 것에 관심이 없을 수도 있다.

좋아하는 일은 돈이 안 되는 경우가 많다. 반대로 세상이 필요로 하는 일은 돈이 되는 경우가 많다. 스스로에게 질문해보자. 내가 좋아하는 일과 내가 썩 좋아하지는 않지만 돈이 되는 일 중 무엇을 하고 싶은가?

그래도 여전히 사람들은 좋아하는 일을 선택한다. 그들은

"나는 돈보다 좋아하는 일을 하는 게 중요해."라고 말한다. 반면 사업가는 자기가 좋아하는 건 항상 뒷전이다. 그들은 사람들이 원하는 것, 돈이 되는 일을 한다. 시장의 크기와 수요를 확인하고 그 일을 진행한다.

성공한 사업가들의 사고방식을 벤치마킹하라. 어떤 일을 시작하기 전에 그 일이 그림 3-4의 어느 부분에 해당하는지 먼저 생각하고, 마인드와 방법을 설정해야 한다.

구체적으로 살펴보자. 내가 좋아하면서 돈도 되는 일이 ①, 내가 좋아하지만 돈이 안 되는 일이 ②, 내가 싫어하는데 돈도 안 되는 일이 ③, 내가 싫어하지만 돈이 되는 일이 ④이다.

많은 이들은 ①을 하고 싶어 하지만 그런 일을 찾기란 너무 어렵다. 그래서 타협을 하다가 ②와 ④ 중 고민을 한다. 그리고 자신의 가치관을 따른다. ②를 선택하는 것이다. '좋아하는 일을 하다 보면 누군가 내 마음을 알아줄 거야' 하면서 그 일을 계속한다.

그러나 오랜 기간 열정을 다 쏟아부었는데 계속 돈이 안 되면 불현듯 자괴감에 빠진다. 그러다 그 일이 싫어지게 되는 것이다. 그리고 시간이 지나면 그 일을 내려놓는다. 누군가 그 일을 왜 그만뒀냐고 물으면 "처음에는 좋아했지만 해보니까 그렇게 재밌는 일은 아니더라고요. 돈도 안 되기에 그만뒀어요."라고 한다. 말을 바꾸는 것이다. 사실 무언가를 좋아한다

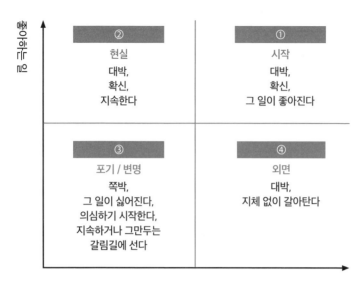

▶ ①에서 시작해 보통 ②로 이어지고 그중 대부분은 ③의 결과를 맞이한다.

그림 3-4 좋아하는 일 vs. 세상이 필요로 하는 일

는 개념 자체가 굉장히 모호하다. 좋아해서 결혼했는데 상대방이 싫어지는 경우가 얼마나 많은가.

반대로 ④를 선택하는 사람들은 철저히 돈이 되는 일을 한다. 타인의 니즈를 발견하면 좋아하지 않더라도 잘하려고 노력한다. 자신이 부족한 부분은 잘하는 사람을 데려와서 문제를 해결해낸다. 그러다 보면 결국 돈이 되고, 그 일은 재밌어

진다.

여기서 끝이 아니다. 그렇게 번 돈으로 다시 자기가 좋아하는 다른 일을 벌인다. 처음에는 100퍼센트 원하는 일을 하지 않았더라도 결국 자신의 길을 영리하게 찾는다.

이게 세상의 모습이다. 좋아하는 일에 집착하지 않으면 많은 것이 보인다. 당신은 얼마든지 더 어려운 것도 잘할 수 있는 사람이다. 세상의 중심에 나를 두지 말고, 그 중심에 타인을 둬라.

정체성의 비밀 9. 나 찾기 프로젝트 5단계

정체성을 발견하는 것을 어렵게 생각하는 사람들을 위해 나를 찾는 과정을 5단계로 정리해보았다. 단계별로 따라 한다면 정확한 방향성을 설정할 수 있으며, 변화의 길목에 무사히 안착할 수 있을 것이다.

지금까지의 내용들을 잘 생각하면서 다음 순서대로 실행해보자.

1단계. 글과 그림으로 목표를 설정하라

먼저 나의 최종 모습을 상상하라. 꼭 글로 쓰고 그림으로 그려라. 그때가 바로 자신과 대화를 나누는 시간이다. 빈 종이를 마주하기에 막막하다면 매개체로 책을 읽는 것도 좋다. 책을 읽으면서 떠오르는 생각을 글과 그림으로 표현해보자. 내가 원하는 미래의 모습을 상상하는 것이 바로 목표 설정이다.

2단계. 나를 믿고 변화를 결심하라

자신을 미래에서 온 사람이라고 상상해보자. 미래의 내가 타임머신을 타고 과거의 나를 찾아왔다. 그는 내가 그토록 원하던 것을 모두 이룬 모습이다. 그의 습관, 행동 등을 보면 배울 점들이 많이 보인다. 결국 나도 그처럼 될 것이라고 믿고, 조금씩 달라지기로 결심해보자. 믿어야 행동의 변화가 시작된다. 이를 위해 버려야 할 것이 있다면 과감히 포기하자. 그리고 꼭 해야 할 한 가지를 아래 빈칸에 적어라.

나는 _____에 미쳤다.

키워드 하나를 선정해서 그 주제에 계속해서 집중할 것을 세상에 선포하라. 이때 주의사항이 있다. 나를 먼저 믿고, 응원하는 사람들로 주위를 가득 채워라. 내가 나를 믿지 못하면 주위에는 당신을 의심하는 사람들로 가득 찰 것이다. 그럼 나도 모르게 심리적으로 그들에게 동화된다. 이들의 공통된 특징은 타인의 꿈, 목표를 의심하고 반대부터 한다는 것이다.

내가 나를 믿으면 주변은 자신을 온전히 믿는 사람들로 가득 채워진다. 이 사람들은 당신의 목표를 한층 더 빨리 이룰 수 있게 도와주는 소중한 존재가 될 것이다.

3단계. 다른 사람의 경험을 배우고 받아들여라

나의 미래 모습과 현재의 차이를 인정하고, 그 간극을 줄이기 위해 노력하라. 이를 위해서는 비슷한 목표를 가진 사람과 자주 소통해야 한다. 나보다 한 걸음 앞서 나간 사람들의 경험담을 듣고, 적극적으로 조언을 구하는 게 좋다. 이때 그들의 성과에 집중하기보다는 노하우와 방법론에 관심을 가져야 한다.

단, 나와 비슷한 사람들을 경쟁 관계로 보면 안 된다. 비슷한 생각을 하는 사람과 함께 있다 보면 그 이상을 생각하지 못한다. 시간이 지나도 서로가 정반합으로 발전되기가 어렵다.

또한 나보다 잘하는 사람을 질투하고 깎아내리려 하지 마라. 깎아내리려고 하면 모두가 하향 평준화된다. 그들의 노력을 인정하고 그들의 장점을 벤치마킹하여 나의 부족함을 채워라. 그러면 나도 결국 그들의 장점을 닮아가게 된다.

4단계. 작은 프로젝트를 시작하고 완성하라

할 수 있는 아주 작은 일부터 시작하라. 지금까지 한번도 해보지 않은 것을 경험하라. 그 경험을 통해 배워나가라. 내가 하는 모든 일을 프로젝트화하라. 목표를 '블로그를 잘해야 돼'라는 식으로 세우지 말고, '아침마다 하루에 한 개씩 100일간 블로그 포스팅하기' 식으로 잡아라. 하나의 프로젝트가 완성되면 다음 프로젝트를 정의하고 실행해나가라.

나는 오늘부터 _____ 프로젝트를 할 것이다.
이를 달성하기 위해 매일 _____를 할 것이다.

나의 프로젝트를 기록하고 필히 경험을 공유하라. 그리고 많은 사람에게 피드백을 받아라. 사람들은 어떠한 계기로 꾸준한 노력을 해서 성공을 이룬 스토리에 열광한다. 당신의 여정을 기록함으로써 스스로 그 스토리의 주인공이 돼라. 성장 과정은 결국 브랜딩이 될 것이고, 성공을 뒷받침해주는 놀라운 스토리가 될 것이다. 이는 반드시 누군가에게 영향을 주고 길잡이가 된다.

5단계. 안주하지 말고 전력 질주하라

그동안 실행했던 프로젝트를 돌아보면 생각보다 많은 걸 했다는 생각이 들 것이다. 때로는 좋아하는 일을 하고, 그걸 기록한다는 것이 낯간지럽다는 생각도 들 것이다. 너무 오버

하는 거 아닌가? 너무 나대는 건 아닐까? 그런 생각은 집어치워라. 처음에 마음먹었던 '○○○에 미치다'를 다시 떠올려라. 그 마음을 잊지 않는 게 중요하다. 오히려 더 미치광이가 돼라. 그리고 나 같은 미치광이가 더 생기도록 양성하라.

나는 ＿＿＿＿＿＿에 이전보다 더 미쳐 있다.

또한 기존의 모든 생각을 비틀어 다르게 생각하는 연습을 하라. 내가 하는 일의 영역을 확장하라. 그 일을 다시 비틀어서 '넘버원'이 아닌 '온리원'이 되도록 하라. 기존과 다른 차별점을 지속적으로 생각하라. 이만하면 됐다는 마음으로 일을 줄이거나 내려놓는 경우가 많은데 사실은 그때부터가 진짜 시작이다. 세상에 나를 알리는 일을 멈추지 마라.

세상에 나의 발자국을 남겨라

지금까지 정체성의 비밀 아홉 가지를 모두 설명했다. 정체성을 찾는 단 한 가지 완벽한 방법은 세상 어디에도 없다. 당신의 모든 능력을 발휘해야 한다.

정체성은 결코 하루아침에 찾을 수 없다. 정체성은 내가 발자국 하나를 남기고, 그 발자국에 이어 다음 발자국을 계속해서 남기는 일과 같다. 그만큼 오랜 시간을 들여야만 한다.

정체성을 미처 찾기도 전에 조금 해보고 포기하는 사람들이 많다. 절대 그러면 안 된다. 정체성이 만들어질 시간이 필요하다. 처음에 어떤 일을 시작하면 뾰족한 정체성이 보이지 않는 게 당연하다. 그러다 여러 가지 일을 해나가다 보면 점차 길이 보이기 시작한다. 여러 개의 점이 선으로 연결되면서 방향성이 나오는 것이다. 그 방향성이 바로 당신의 정체성이 된다.

나는 ＿＿＿＿＿＿＿＿＿를 세상에 제공하는 사람이다.

정체성을 찾고 나면 어떻게 해야 할까? 어떤 키워드를 던졌을 때 사람들이 곧바로 나를 떠올릴 수 있도록 해야 한다. 우리에게 익숙한 키워드들을 떠올려보자. '신발' 하면 뭐가 떠오르는가? 나이키가 떠오른다. '혁신' 하면 애플이 떠오른다. '강아지' 하면 강형욱 훈련사가 자동으로 떠오른다. '육아 상담' 하면 오은영 박사가 떠오른다.

'대화' 하면 당신은 누가 떠오르는가? '웃음'은? '연애'는? 그 누구도 떠오르지 않는다면 당신이 그걸 하라. 당신이 하고 싶은 어떤 일에 대해 생각했을 때 머릿속에 떠오르는 사람이 있다면 그 사람을 벤치마킹하고, 없다면 당신의 이름을 떠올리게 만들어라.

키워드가 인간의 본질과 가장 가까울수록 좋다. 예를 들어 '장난감'보다는 '재미'라는 키워드가 좋다. 그리고 '재미'보다는 '사랑'이 강력하다. 만약 '사랑'했을 때 렘군이 즉시 떠오른다면 아마 이 세상의 부는 렘군이 다 가져갈 것이다.

정체성의 크기가 내가 버는 돈의 크기임을 기억하라.
정체성은 시작과 끝이다.
제일 먼저 정체성을 찾아야 한다.
제일 마지막에 완성되는 것도 정체성이다.
정체성이 곧 브랜드다.

정체성을 발견하는 데는 시간이 걸리고 노력도 많이 든다. 그래서 대부분은 정체성이 만들어지기도 전에 쉽게 포기한다. 그러나 포기하는 순간, 아무것도 이룰 수 없다. 처음에는 뾰족한 정체성이 보이지 않지만 계속하다 보면 어떤 발자국, 즉 여러 개의 점이 선으로 연결되면서 방향성이 나오기 시작한다. 그 방향성이 곧 정체성이 된다.

발자국이 없을 때는 어느 방향으로 가고 있는지 알 수 없지만 발자국이 여러 개 찍히고 나면 그 길은 선명해진다. 정체성을 만드는 동안은 스스로도 정체성이 어떤 모양이 될지 잘 모른다. 하지만 포기하지 않고 계속 한 발자국씩 나아가다 보면 자신만의 고유한 모양을 발견하게 될 것이다.

다음 단계에서는 정체성이란 발자국을 찍는 방법에 대해 설명할 것이다. 마구잡이로 찍는 것이 아니라 제대로 흔적을 남길 때 그 힘이 강력해진다.

집중하고 싶은 키워드 하나를 설정했다면 이제 본격적으로 실행을 할 때다. 어떻게 하면 내 발자국을 효과적으로 세상에 남길 수 있을까. 앞으로 설명할 '아웃풋 법칙'에 그 답이 있다.

4단계

세상을 향해
아웃풋하라

아웃풋은 결과물이 아니다.
세상과 연결되기 위해 노력한 시간이다.

지금까지의 내용을 정리해보자. 아웃풋 법칙 1단계를 통해 소비자 영역이 아닌 생산자 영역에 서야 한다는 중요한 사실을 알게 되었다. 2단계에서는 생산자 영역에서도 성공 포지션이 정해져 있다는 것을 알았다.

이 과정에서 우리가 다룬 건 세상의 모습이다. 이제 세상이 원하는 것, 즉 세상에 어떤 니즈가 존재하는지 그리고 무엇을 제공할 수 있는지 치열하게 고민해야 한다. 세상을 먼저 알고, 나를 거기에 맞추어야 한다.

3단계에서는 정체성에 대해 살펴봤다. 정체성은 모두 '나'에 대한 이야기다. 하지만 이 정체성도 타인의 피드백을 받을 때 완성된다는 점을 기억해야 한다. 세상이 원하는 것 중에서

'나는 무엇을 제공할 수 있는가'가 3단계의 핵심 내용이었다.

세상의 모습도 정확히 알고 나의 정체성도 찾았다면, 이제 세상에 나를 알릴 차례다. 이번 단계는 바로 세상과 연결되는 '아웃풋'에 대한 이야기다.

아웃풋이란 무엇인가

아웃풋이란 일반적으로 '일을 했으면 결과물을 내라'든지 '열심히 하면 뭐해? 아웃풋이 없는데'라고 할 때 주로 쓴다. 아웃풋의 사전적 정의는 아래와 같다.

output
명사
1. 생산량, 산출량
2. (컴퓨터의) 출력(→ input)
   데이터 출력

동사
출력해내다(→ input)

그러나 이 책에서의 아웃풋은 단순한 결과물을 뜻하지 않는다. 조금 더 의미를 확장해서 '세상(타인)이 필요로 하는 결과물'이라고 볼 수 있다. 상품, 서비스, 콘텐츠 등의 형태를 한 결과물이 타인에게 도움이 되었다면 그게 진정한 아웃풋이다.

더 나아가 아웃풋은 소비자 영역에 있던 사람이 생산자 영역에 서기 위한 행동으로 볼 수도 있다. 즉, 내가 만든 무언가를 소비자에게 제공하거나 나의 정체성을 사람들에게 알리는 일 역시 아웃풋이다.

반면 인풋은 나의 정체성을 뒷받침해주는 실력을 쌓는 일이다. 부족한 지식을 쌓고, 작은 경험을 하고, 지혜를 얻는 모든 과정이 인풋이다. 인풋을 계속하는 것은 중요하지만 주의할 점이 있다. 너무 과하면 안 된다는 것이다. 비타민도 과다 복용하면 탈이 나는 것처럼 인풋도 적당히 해야 한다. 인풋보다 아웃풋의 양이 많아야 하는 게 기본이다.

오로지 자기만족을 위한 인풋은 의미가 없다. '다양한 분야의 책을 읽고 교양을 갖춘 사람이 되어야지'라거나 '여행을 하면서 세상의 모습을 보고 와야지' 하는 건 모두 자기만족일 뿐이다. 그런 인풋은 세계 여행을 다니며 아름다운 물건을 잔뜩 사와서 거실에 전시해둔 것과 같다. 개인적으로는 의미 있을지도 모르지만 생산자로서는 아무 영양가 없는 장식품에 불과하다. 대부분 시간이나 돈을 소비하는 것으로 끝나는 경우가 많다.

- 아웃풋의 핵심 의미

  가치 있는 물질 혹은 비물질을 타인에게 제공하는 행위

  혹은 가치 있는 정체성을 타인에게 제공하는 행위

- 인풋의 핵심 의미

  나의 정체성을 뒷받침해주는 실력을 쌓는 행위

인풋보다는 아웃풋이 훨씬 중요하다

우리가 머무르고자 하는 피라미드 바깥세상에서는 인풋보다 아웃풋이 훨씬 중요하다. 이제 시작하는 사람은 아무것도 가진 것 없고 잘하는 것도 없으니, 인풋이 먼저 아니냐고 하겠지만 그렇지 않다. 아웃풋을 먼저 하면서 인풋을 해야 한다.

예를 들어 30대 청년이 있다고 해보자. 이 청년은 수술 후기가 믿을 만한 성형외과 비교 플랫폼을 만들어야겠다고 결심했다.

시작하려고 하니 문제가 있었다. 청년은 아이디어만 있을 뿐 성형외과 시장에 대해 아는 게 별로 없었던 것이다. 그래서 청년은 성형외과 시장에 대해 철저하게 조사하고, 각종 성형수술에 대해 공부하려고 했다.

그러나 아웃풋의 관점에서 보면 이는 방향성이 잘못됐다. 성형에 대한 공부만 계속하다가는 아무것도 하지 못한다. 차라리 앞으로의 구체적인 사업 계획을 담은 '사업기획서'를 쓰는 게 낫다. 하지만 여전히 기획서 작성만으로는 인풋의 단계에 머무를 뿐이다. 기획서를 가지고 국가 지원 사업에 응모하거나 투자회사에 제안서를 보냈을 때 비로소 아웃풋을 한 것이다.

운이 좋다면 파격적인 투자를 받는 것도 불가능한 일은 아니다. 이는 '사업기획서'라는 인풋을 타인에게 제공하며 '아웃풋'으로 승화시켰기 때문에 가능한 것이다.

사업기획서를 열흘 동안 작성한 행위 자체는 인풋이다. 하지만 사업기획서를 벤처 투자회사 30곳에 보내는 것은 아웃풋이다. 내가 뭐 하는 사람인지, 어떤 걸 할 건지, 얼마를 투자받고 싶은지 상대방이 인지할 수 있도록 노력한 순간부터가 아웃풋인 것이다. 이렇듯 아웃풋에는 반드시 가치, 타인, 제공이라는 세 가지 키워드가 포함된다.

돈 벌 기회가 담긴 사업기획서를 투자회사에 제안한다.
　　(가치)　　　　　　　　　　(타인)　　(제공)

벤처 투자회사로부터 연락을 받고 프레젠테이션을 하는 것은 아웃풋이다. 고객에게 전달할 설문조사 문항을 만드는 건 인풋이고, 설문지를 배포하고 피드백을 받는 과정은 아웃풋이다. 사업기획서를 쓰거나 설문조사 문항을 만드는 것은

인풋	아웃풋
- 사업 아이디어 기획하기 - 사업기획서 작성하기 - 사업 수요 파악 및 설문지 만들기	- 투자회사에 제안서 보내기 - 투자회사에 프레젠테이션하기 - 설문조사를 실행하고 피드백 받기

그림 4-1 인풋과 아웃풋의 차이

인풋이지만, 그 목적이 명확하므로 꼭 필요한 인풋이라고 할 수 있다. 이러한 인풋이 없으면 결코 아웃풋이 나올 수 없기 때문이다.

하지만 사업기획서를 만들기 전부터 PPT 잘 만드는 법이나 발표 잘하는 법을 알려주는 학원에 가는 건 어떨까? 꼭 필요한 인풋이라 볼 수 있을까? 투자 유치를 위해서는 프레젠테이션을 잘하는 것보다 사업 내용을 제대로 전달하는 게 중요하다. 그러므로 그 밖의 인풋은 '과한 인풋'이라 볼 수 있다.

언제나 무엇을 시작하려고 할 때 과한 인풋을 하는 건 아닌지 주의해야 한다. 중요하지 않은 것에 한정적인 시간과 노력을 쏟다 보면 중간에 포기하기 쉽다. 스스로 꼭 필요한 인풋이라 믿고 있지만 실제로는 아닌 경우가 대부분이다. 이를 잘 구분해 소중한 시간을 낭비하지 말자.

1년 만에 '부동산 전문가'가 될 수 있었던 이유

완벽해질 때까지 인풋을 100퍼센트로 하는 사람들이 종종 있다. 절대 좋은 방법이 아니다. 이를 인풋이 아예 필요 없다는 말로 오해하지 않길 바란다. 인풋도 중요하지만, 아웃풋이 훨씬 더 중요하다는 의미다.

사람들은 인풋을 하면서 동시에 아웃풋을 할 수 있다는 사실을 잘 모른다. 심지어 아웃풋부터 할 수 있는데도 말이다. 인풋과 아웃풋의 비중도 중요한데 초반에는 인풋 비중이 높을 수 있지만, 시간이 지나면서 아웃풋의 비중이 압도적으로 많아져야 한다. 생각의 전환이 필요한 부분이다.

예를 들어, 나는 부동산 공부를 처음 시작하고 정확히 1년 후 생산자 영역에 서야겠다는 생각을 했다. 1년이란 시간은 생각보다 짧다. 1년 동안 공부를 해봤자 얼마나 했겠는가. 초보 중의 초보였다. 당구로 따지면 이제 50 정도 치는 수준이고, 수많은 전문가와 비교했을 때는 발톱의 때만큼도 못한 수준이었다.

그럼에도 인풋보다 아웃풋이 중요하다고 생각했다. 처음엔 부동산에 대해 경험이 많이 없어 주저했지만 실제 부동산 전문가라는 사람들을 보니 그다지 친절하지 않았다. 공부를 시작한 2011년에는 파워 블로그 개념이 이제 막 생겨날 때였고, 부동산 관련 파워 블로그는 존재하지도 않았다. 경제 신문의 부동산 섹션에 나이 든 몇 사람이 부동산 칼럼을 올려주는 게 다였다. 내용 또한 그다지 친절하지 않았다. 처음 부동산을 접하는 사람들은 아주 쉬운 부분부터 배우길 원했는데 그런 콘텐츠는 전무했다.

그러던 중 나는 2011년부터 1년 동안 100권이 넘는 부동산 책을 읽었는데, 한 번도 내 생각을 공유한 적이 없다는 사실을 깨닫게 되었다. 곧바로 서점으로 가 그동안 읽었던 책 20권을 찾았다. 책들을 옆자리에 쌓아 놓고 목차와 중요한 챕터들을 보면서 메모장에 적기 시작했다.

이 책은 어떤 내용이 담겨 있고, 어떤 챕터가 볼 만했고 그 중에서 이 내용이 핵심이었다는 걸 정리했다. 집에 와서 그 내용을 워드 파일로 다시 정리했다. 그렇게 핵심 요약이 A4 한 장으로 만들어졌다. 책을 선택하려는 사람의 입장에서 도움되는 내용들만 담았는데, 다음날 같은 행동을 도서관에 가서 또 했다. 총 50권의 책을 2주일 안에 요약할 수 있었다.

같은 방식으로 부동산 공부를 하면서 참고했던 사이트 정보를 정리하기 시작했다. 대법원등기소, 실거래사이트, 정부민원포털, 서울부동산광장, 토지이용규제서비스, 한국감정평가협회, 국가통계포털, 한국토지주택공사, 공동주택공시 알리미 등 해당 사이트가 어떤 정보를 담고 있는지 무엇을 할 때 어디를 이용해야 하는지를 정리했다.

부동산 거래를 할 때 필요한 서류에 대해서도 정리했다. 부동산 계약할 때 매수자와 매도자 입장에서 필요한 서류들에 대해서도 전부 기입했다. 전세권 설정하는 법, 담보대출 받을 때 필요 서류, 소유권 이전 시 필요 서류, 증여 시 필요 서류, 상속 시 필요 서류, 분양권 전매 시 필요 서류 등등. 전부 다 적다 보니 이것도 10개 이상이 나왔다.

내가 가입한 온라인 부동산 카페 100개 중에서 조금 괜찮다 싶은 카페도 추려 25곳을 요약 정리했다. 이 카페는 어떤 종류의 카페고, 운영자는 어떤 사람인지, 어떤 카테고리에 볼 만한 정보가 있는지 등을 정리했다. 어떤 점을 주의해야 하는지도 넣었다. 그렇게 모은 자료를 사람들에게 전부 제공하고 싶었다. 이 정보가 절실히 필요한 누군가를 위해 A4 한 장으로 요약했던 것이다.

2012년은 아이폰 앱이 막 유행하기 시작하던 시점이었다. 앱을 만들어서 여기에 정리한 모든 내용을 담아야겠다고 생각했다. 퇴근하고 저녁에 세 시간의 시간을 들였다. 주말 이틀 중 토요일은 임장을 가고, 일요일은 앱을 만들었다.

앱을 만들기 위한 지식은 부족했지만 여기에도 아웃풋 법칙을 적용했다. 앱을 잘 만들 수 있는 수준으로 공부를 다하고 만드는 게 아니라, 부족한 부분만 그때그때 보충했다. 멋지고 복잡한 기능은 필요하지 않았다.

앱이 완성될 즈음 가장 중요한 한 가지가 빠졌다는 생각이 들었다. 바로 경험담이었다. 어떻게 이를 해결하면 좋을지 고민하다가 '평범한 회사원의 좌충우돌 부동산 체험기'를 소설로 써봐야겠다고 생각했다. 부동산 공부를 한 지 1년밖에 되지 않았지만 그건 그다지 문제가 되지 않았다. 실화 기반 소설이었고, 일기 형태로 쓸 것이기 때문이었다.

그날부터 나에게 작가라는 타이틀을 주고 새로운 집필 업무를 맡겼다. 아침에 조금 일찍 출근해서 글을 쓰거나, 점심 먹고 남는 시간, 저녁에 잠들기 전 자투리 시간을 활용해 부동산 소설을 썼다.

2012년의 어느 날, 두 달간의 노력 끝에 앱 개발부터 소설 집필까지의 작업을 완성할 수 있었다. 아직 베타테스트 기간이었기에 모두 무료로 공개했다. 반응은 바로 오지 않았지만, 나만의 아웃풋을 세상에 내놓았다는 것 자체가 정말 뿌듯했다. 성공 여부와 상관없이 앞으로 무엇이든 할 수 있을 것만 같았다.

그때부터 관점에 많은 변화가 생기기 시작했다. 어떻게 하면 내 소설을 더 많은 사람이 읽게 할 수 있을까? 어떻게 하면 내가 만든 앱을 더 많은 사람이 다운로드받게 할 수 있을까? 태어나서 한 번도 이런 생각을 해본 적이 없었는데, 아웃풋을 세상에 내놓자 관점이 완전히 바뀐 것이다.

평범한 회사원 렘군, 생산자 영역에 들어서다

지금 생각하면 당연하지만 내가 만든 앱의 인기는 그다지 높지 않았다. 일단 디자인의 완성도가 떨어졌다. 기능도 아주 단순했다. 소설도 마찬가지였다. 말이 소설이지 일기장 수준이었다. 나도 허접하다는 걸 알았다. 그렇지만 알맹이가 중요하지 나머진 중요하지 않다고 생각했다. 나라는 사람이 타인과 연결되는 게 훨씬 중요하다고 생각했다. '부동산 소설' 하면 '렘군'이 바로 떠오르면 되는 것이었다.

당시는 아이폰 3GS가 나온 초창기 시절이었고 국내에 아이폰 유저는 많지 않았다. 나는 '애플 매니아'였기 때문에 앱도 안드로이드 버전으로 만들지 않았다. 그런 탓에 앱을 내려받은 사람의 수는 많지 않았다. 하지만 생산자 영역에 들어서면서 이런 고정관념을 바꾸게 되었다.

'어떻게 하면 '부동산' 했을 때 '렘군'을 떠올릴 수 있을까?'
'어떻게 하면 내 이야기를 더 많이 전달할 수 있을까?'
'어떻게 하면 내 콘텐츠로 돈을 벌 수 있을까?'

이전에는 생각하지 않았던 질문들을 계속해서 했다. 반응이 없어도 굴하지 않고 1달러짜리 유료 앱을 출시해 '한 주 한 채'라는 코너를 신설했다. 임장을 다녀온 지역 및 아파트의 분석 리포트를 만들어 한 달에 한 번씩 올려주는 것이었다. 목표는 매주 하나였는데 현실에 맞게 한 달로 정했다.

작가에 이어 칼럼니스트라는 직책을 나에게 줬다. 1달러밖에 안 되는 적은 돈이지만 고객들과 약속을 한 것이다. 나의 게으름으로 인해 생산자 영역에서 도망갈 수 없도록 스스로 가두었다. 매달 글을 쓰면서 부족함을 더 많이 깨닫게 됐고, 더 좋은 분석 칼럼을 쓰고자 노력했다. 그럼에도 여전히 이렇다 할 호응이 없었고, 내가 만든 앱은 1년을 유지하다가 흐지부지되었다.

앱을 종료시켰지만 그 앱에 담긴 자료가 아깝다는 생각이 들었다. 그래서 자료들을 모두 블로그에 올리기로 결심했다. 블로그로 유입되는 사람이 앱보다 많을 거라는 판단에서였다. 그때부터 워드 파일에 정리했던 내용을 블로그에 하나씩 올렸다. 블로그 제목은 '부동산 공부 추천 책, 부동산은 과학이다' 같은 식으로 썼다. 본문에는 '부동산 공부', '부동산 책 추천' 같은 키워드를 담았다.

네이버에서 '부동산 책 추천'이라고 검색했을 때 내가 쓴 글 10개가 모두 첫 페이지에 떴다. 당시 블로그 검색 로직은 지금처럼 똑똑하지 않아서 최근에 올린 정확한 키워드가 그대로 노출되었기 때문이다.

같은 방식으로 '부동산 매수 서류'라는 키워드로, '부동산 카페 추천'이라는 키워드로 내 글이 검색 페이지에 도배되도록 만들었다. 소설도 모두 올렸다. 블로그에 찾아온 사람들은 내 글을 정주행하기 시작했고 부동산 칼럼에도 관심을 보였다. 그렇게 올리다 보니 어느새 파워 블로거가 되어 있었다. 부동산 공부는 점점 더 즐거워졌다. 내가 알려주면 곧바로 반응을 보이는 사람들이 있었기 때문이다.

완벽한 순간은 결코 오지 않는다

지금까지의 이야기는 내가 경험했던 사례 중 극히 일부를 적은 것이다. 이후 얼마나 많은 시도와 시행착오가 있었겠는가. 일의 종류만 다를 뿐 방법은 다르지 않았다.

생각해보라. 고작 부동산 공부 1년 한 지식으로 소설을 쓰고, 이 소설을 책으로 출간해달라고 50곳의 출판사에 기고를 하는 사람이 있을까? 아마 없을 것이다. 그 당시 나는 그렇게 했다. 물론 모두 퇴짜를 맞았다. 내 글을 책으로 내주겠다고 한 출판사는 단 한 곳도 없었다. 그래서 직접 사람들에게 공유할 방법을 모색하다가 앱을 만들게 된 것이었다.

한 분야에 대해 1년밖에 경험이 없는 사람이라면 대부분은 계속 공부만 한다. 공부를 하면 할수록 나보다 더 잘하는 사람이 눈에 들어오고 그래서 더 움츠러든다. 나는 정말 모르는 것투성이구나 자책하며 더 열심히 해야겠다고 의지를 불태운다. 그렇게 하지 않아도 된다. 적은 지식이라도 필요한 사람이 있을 거라고 믿고 당당하게 행동해야 한다.

나는 아웃풋 법칙을 뒤늦게 깨달았기에 벼락치기를 할 수밖에 없었다. 부동산 책, 부동산 사이트, 부동산 필수 서류, 부동산 카페 정보는 절대 대단한 것이 아니었다. 누구나 한 달여의 시간만 투여하면 정리할 수 있는 아웃풋이었다.

만약 과거로 돌아간다면 처음부터 아웃풋에 집중할 것이다. 하루에 인풋을 한 시간 했다면, 아웃풋은 두 시간 이상 할 것이다. 그만큼 인풋보다 아웃풋이 중요하다는 의미다. 오늘 인풋한 것을 그날 아웃풋으로 내놓아야 한다는 강박에 사로잡힐 필요는 없다. 오늘의 인풋을 한 달 뒤에 아웃풋으로 내보낸다고 생각하면 편하다. 그럼 오늘은 내가 하고 싶은 공부(인풋)를 하면 되고, 한 달 선에 공부한 내용으로 아웃풋을 내놓으면 된다.

주의할 것은 내가 생각하는 '완벽한 모습'이 완성될 때까지 기다렸다가(인풋만 하다가) 아웃풋하려는 생각에서 벗어나야 한다는 점이다. 스스로 아니라고 이야기하겠지만 내가 본 99퍼센트 사람들이 '준비가 되지 않았다'는 이유로 인풋에만 몰두해 있었다.

아무리 인풋을 해도 완벽한 모습은 절대 찾아오지 않는다. 다르게 이야기하면 아웃풋을 할 날이 오지 않는다는 말이다.

아무리 작은 것이라도, 사소한 것이라도 상관없다.

무언가 인풋이 이루어졌다면

어떻게 아웃풋으로 연결시킬지 항상 고민하라.

완벽하지 않아도, 뛰어나지 않아도

누군가 당신의 아웃풋을 기다리고 있을 것이다.

아웃풋은 나와 세상을 연결한다

나는 새로운 일을 시작할 때 모든 것을 프로젝트화한다. 부족함을 채우기 위해 학습(인풋)하기보다는 먼저 선언해버린다. 이후 알게 된 내용을 미흡하더라도 공유하며 그 과정에서 더 많은 지식을 얻는다. 시작부터 아웃풋 법칙을 적용하는 것이다.

이렇게 새로운 일을 선포하면 사람들은 곧바로 반응을 보인다. 내가 무슨 일을 벌이는지 관심을 가지는 것이다. 과정은 어떻게 되는지, 어떤 결과를 내놓을지 기대를 한다.

'아웃풋 법칙'이란 주제로 책을 써야겠다고 결심한 순간 가장 먼저 카페와 블로그에 책을 쓰겠다고 선포했다. 경제경영 분야에서는 책을 두 권 썼고 지금도 잘 팔리고 있지만 자기계발 분야는 처음이었기에 제로에서 시작한다는 마음으로 집필하겠다고 말했다.

특별히 잘하는 게 없어도 시작하는 법, 내가 좋아하는 일을 하면서 돈을 많이 버는 법, 1인 지식기업가가 되는 법 등을 고민하는 사람들에게 해주고 싶은 이야기를 쓸 생각이며 출판사 편집자와 미팅을 잡았다는 내용을 담았다. 사람들의 반응은 아래와 같았다.

'분명 자기계발 분야 베스트셀러가 될 겁니다.'

'안 그래도 자기계발서를 출간하시지 않을까 기다렸습니다.'

'자기계발서 기다리고 있어요. 몇 월쯤 나오나요? 제가 첫 번째로 꼭 받고 싶어요. 예약되나요?'

나는 책을 써야겠다는 결심만 했지 관련해서 아직 아무것도 한 게 없었다. 앞으로 책을 쓸 거라는 이야기만 했다. 하지만 사람들은 이에 열렬히 반응했나. 왜 그런지 아는가? 구독자가 많아서가 아니다. 구독자 수와 상관없이 글의 내용에 따라 사람들의 반응은 천차만별이다.

여행의 경우를 생각해보면 쉽다. 언제가 가장 설레는가? 여행을 떠나기 전? 여행을 하는 중? 대부분은 여행 가기 전에 가장 큰 설렘을 느낀다. 여행을 결심한 순간, 비행기 티켓을 사는 순간, 어디를 구경할까 고민하는 순간, 바다를 바라보며 파라솔 아래 앉아 있는 순간을 상상하면서 설렘을 느낀다. 막상 여행을 가면 그냥 덤덤하다. 이미 현실이 되어버렸기 때문이다. 집으로 돌아가는 날짜부터 떠올리게 된다. 여행을 다녀오면 살짝 허무하기도 하다.

그렇다면 비행기 티켓을 사기 전 설렘부터 공유하는 것이 맞을까? 여행 다녀와서 후기를 올리는 게 맞을까? 글을 쓰는 내 입장에서도 전자가 설렌다. 글을 읽는 독자 입장에서도 똑같다. 여행 결심만 한 상태에서 그곳을 왜 가려고 하는지, 가서 무엇을 보고 올 것인지, 갔다 와서 어떤 이야기를 사람들에게 들려주고 싶은지를 전하면 더 좋지 않을까?

내가 느낀 설렘을 최대한 생생하게 공유하는 게 훌륭한 아웃풋이다. 나는 이 책을 읽으면서 기뻐할 독자를 생각하며 설렘을 느꼈다. 그 설렘을 블로그에 바로 적은 것이다. 이렇게 아무런 인풋 없이 바로 아웃풋을 하는 것도 가능하다. 그 아웃풋으로 많은 사람의 피드백을 받았고, 나의 정체성을 한 번 더 확인받을 수 있었다.

그러나 때로는 사람들이 전혀 예측하지 못한 반응을 보여주기도 하고, 생각보다 훨씬 과한 칭찬을 보내주기도 한다. '당신이 무슨 자기계발서예요. 그냥 부동산 이야기나 하세요'라고 할 수도 있지만 그 반대의 이야기가 나올 수도 있는 것이다.

좋은 쪽이든, 나쁜 쪽이든 피드백을 통해 내 생각은 굳건해진다. 만약 피드백이 부정적일 경우, 그들의 의견을 받아들이

거나 '이번에 제대로 보여줘야지' 하며 이를 갈 수도 있다. 반대로 피드백이 긍정적일 경우, 그들의 기대치를 뛰어넘는 글을 쓰고 싶다는 생각이 든다. 이런 마음가짐으로 집필한다면 훌륭한 작품이 나올 수밖에 없다.

책이 출간되면 내 존재를 몰랐던 사람들도 나를 알게 된다. 진심으로 쓴 글일수록 독자들의 마음을 움직일 수 있는데, 이때 사람들의 삶에 조금씩 변화가 생긴다. 책에 나온 내용을 실천함으로써 인생이 바뀌었다는 사람들도 나올 것이다.

시간이 지나 책에 나온 개념인 '아웃풋', '생산자', '피라미드', '시작 컨설턴트'라는 단어를 들으면 누구를 가장 먼저 떠올릴까. 개인의 이름이 떠오르면 1인 기업가로서 성공한 것이고, 브랜드가 떠오르면 기업가로서 성공한 것이다. 이처럼 아웃풋 법칙에는 지금과 전혀 나른 삶을 살게 하는 비밀이 숨어 있다.

명심하라. 아무거나 되는 대로 아웃풋을 하라는 얘기가 아니다. 중구난방으로 여러 가지 주제를 아웃풋하는 건 멍청한 짓이다. 제대로 된 아웃풋을 하려면 다음을 기억해야 한다.

1. 세상의 모습을 제대로 본다.

2. 사람들이 원하는 주제를 찾는다.

3. 그 주제에 어울리는 하나의 정체성을 정한다.

4. 그 정체성에 맞는 아웃풋을 한결같이 쏟아낸다.

이를 한 줄로 나는 이렇게 표현한다.

'아웃풋이란 세상을 알고, 나를 찾고, 연결하는 것.'

아웃풋의 정의와 필요성에 대한 이야기는 충분히 했다. 그렇다면 이제부터 아웃풋을 어떻게 해야 하는지, 세상과 빠르게 연결되려면 어떻게 해야 하는지 구체적인 방법을 알아보도록 하자.

아웃풋 법칙 1. 제로에서 제로답게 시작하는 법

백지상태를 인정하라

아무리 좋은 책을 읽고 여러 가지 방법론을 다 공부했다고 해도 '그래, 이제 제대로 한 번 해봐야지'라고 결심하면 다시 백지상태가 된다. 이럴 땐 솔직히 인정하는 자세가 필요하다.

나는 백지상태이고 제로에서 시작한다는 것을 인정하라. 차라리 백지가 낫다. 어설프게 본 것, 들은 것이 있는 사람은 자기가 생각하는 방식대로 하려고 한다.

이를테면 대형 유튜브 채널이 하는 방식을 따라 하거나, 큰 손 사업가가 하는 방식을 따라 하는 것이다. 이제 시작하는 사람이 완성된 사람의 방식을 따라 하면 실패하기 쉽다.

백지상태를 인정한다는 말은 나와 성공한 사람 사이에 '격차'가 있음을 인정하는 것이다. 그들의 치열했던 '과거의 노력'을 인정하는 것이다. 그들처럼 제로부터 하나씩 밟아나가야 한다. 그들의 현재 모습이 멋져 보인다고 그대로 따라 하면 안 된다. 진행 방식, 주제, 겉모습, 홈페이지 디자인 등 그 어떤 것도 지금과 같지 않았다.

최종적인 모습을 따라 하는 것은 허상을 좇는 일이다. 그렇게 되고 싶은 것뿐이다. 현실적으로 세상 사람들이 나에게 원하는 것을 해야 한다. 누가 나에게 도움을 요청했는지를 항상 떠올려라. 지금 피드백을 받고 움직이는 것인가? 아무런 피드백 없이 그냥 하고 싶은 대로 하는 것인가? 후자라면 반드시 실패한다.

잘못된 벤치마킹에서 빠져나와라

콘텐츠 분야에서 성공한 사람들을 보면 한결같이 유튜브도 하고, 네이버 카페도 운영하고, 블로그 및 인스타그램까지 동시에 한다. 별다른 차별점 없이 그들과 똑같이 한다고 해서 달라지는 건 아무것도 없다.

각 분야에서 성공한 사람들을 인터뷰하는 유튜브 채널 구독자 수가 100만 명이 넘는다고 해서 나도 똑같은 채널을 만든다고 구독자 수가 100만 명이 될까? 시작하는 사람 중 0.1퍼센트만 되고 나머지는 실패한다. 인터뷰는 초대하는 사람보다 진행하는 사람이 더 중요하다는 사실을 모르기 때문이다. 전혀 인지도가 없는데 인터뷰만 한다고 다 잘된다면 모두가 성공할 것이다.

사업도 마찬가지다. 누가 마케팅 사업을 한다고 해서 '나도 마케팅 사업을 해볼까' 한다면 과연 성공할까? 내 사업조차 마케팅을 못하는데 다른 사람의 마케팅을 어떻게 도와줄 수 있을까? 안 될 확률이 높다. 스스로의 문제를 풀 수 있는 사람이 타인도 도와줄 수 있는 법이다. 조금 더 정확히 이야기하면 다른 사람들과 내가 공통적으로 어떤 고민을 가지고 있는데, 그걸 내가 먼저 해결했을 때 비로소 타인을 도와줄 수 있는 것이다.

문제를 푸는 실력은 결코 하루아침에 만들어지지 않는다. 당신이 그 분야에 백지상태라면 아웃풋하면서 즉, 누군가를 도와주면서 실력을 만들어나가야 한다. 어느 순간, 열심히 만든 내 아웃풋을 보고 도와달라고 하는 사람들이 많아질 것이다. 그때 회사를 차리면 된다. 이렇게 만든 회사는 당신이 더 많은 사람을 도와줄 수 있게 할 것이다.

나만의 공간, 간판을 만들어라

정체성을 대표하는 키워드만 정한 상태에서 제일 먼저 해야 할 일은 나만의 가게와 간판을 만드는 것이다. 진짜 가게 점포를 말하는 것이 아니라 사람들에게 뭔가를 제공할 수 있는 '공간'을 마련하라는 얘기다.

이 글을 읽고 있는 독자 이름이 '김지은'이라고 가정해보자. 내가 어떻게 하면 지은 씨를 찾을 수 있을까? 지은 씨가 어떤 사람인지, 지금 무엇을 팔고 있는지, 그걸 바로 결제하고 싶은데 어떻게 하면 될까? 키워드 한두 가지만 알려주면 바로 찾을 수 있을까? 네이버에 뭐라고 입력해야 찾을 수 있을까?

그것부터 만드는 게 시작이다. 내 정체성이 잘 설정됐는지 고민은 그만하고, 지금 당장 가게와 간판 만들기에 착수해야 한다.

오프라인에서 가게를 차린다고 생각해보자. 소비자들은 간판을 보고 그 가게가 뭘 파는 곳인지 인지한다. 베이커리 '파리바게트'에 들어가서 책을 달라고 이야기하는 사람은 없다. 무엇을 제공하는 공간인지 명확하기 때문이다. 오프라인 가게를 차리는 사람 입장에서는 가게와 간판 이야기가 당연하게 느껴질 것이다.

그렇다면 오프라인 창업을 하지 않을 사람이라면 어떨까? 잘하는 건 없지만 나도 세상에 무언가를 제공하려는 마음을 먹었다고 생각해보자. 당신은 사람들이 언제든 찾아갈 수 있는 가게를 가지고 있는가? 무엇을 할지는 나중에 생각해도 된다. 뭔가 이상하다고? 그럼 반대로 가게부터 만들지 않을 이유는 뭔가? 시간이 오래 걸리는 일도 아닌데 말이다.

온라인에 가게를 만드는 건 심지어 돈도 들지 않는다. 정체성을 찾기 전에 가게부터 만들어둘 수도 있는 것 아닌가? 보통은 가게부터 만들지 않고 다른 생각에 잠겨 허송세월을 보낸다.

그래서 나는 사람들에게 일단 가게를 만들고 하루 안에 간판 이름까지 정하라고 조언한다. 이렇게 이야기하면 간판 이름 하나 짓는 데 한 달 이상 걸리는 사람들도 더러 있다. 미련한 짓이다.

간판명은 일단 대충 써둬라. 나중에 지우고 다시 수정할 수 있다. 이제 시작한 사람이라면 완벽한 간판 이름을 고민하지 않아도 된다. 당신이 처음에 생각한 대략적인 정체성을 그대로 적어두면 그만이다.

자신의 정체성이 '더 잘 팔리는 법을 알려주는 사람'이 되는 것이라면 간판명을 '더 잘 팔리는 법 알려주는 곳'으로 정해라. 물론 너무 흔하거나 같은 이름이 많아서 남들과 전혀 구분되지 않는다면 곤란하다. 나라는 사람을 바로 떠올릴 수 있는 키워드를 정하되, '완벽한 간판'에 몰두하느라 너무 많은 시간을 보내지는 말라는 얘기다.

온라인에 간판을 만들려면 장소가 있어야 한다. 과거에는 홈페이지를 만들기도 했는데, 이름을 정확히 입력하거나 주소를 알려주지 않는 이상 찾아오기가 어렵다. 무엇보다 사람들에게 피드백을 받기가 어려운 형태로 되어 있다.

우리는 지금 완성된 모습이 아니라 제로에서 시작하고 있다. 제로 상태에서는 다양한 피드백을 받으면서 사람들이 나에게 어떤 걸 더 원하는지 알아내야 한다. 홈페이지는 그 과정을 다 겪은 후에 만들어야 하는 결과물이다. 이제 시작하는 내가 따라 하면 안 된다.

사람들에게 피드백 받기가 가장 좋은 곳은 SNS 채널이다. 블로그, 인스타그램, 페이스북, 유튜브 같은 곳들 말이다. SNS가 인생에 전혀 필요 없는 것이라고 생각하는 사람들도 많다. 과거의 나도 그랬는데, 그건 오로지 소비자의 관점에서만 바라봤기 때문이다.

공급자의 관점에서 바라보라. 다른 이들이 무엇에 관심이 많은지 알 수 있으며, 내 생각을 쉽고 빠르게 전달할 수 있는 곳으로 SNS만 한 매체가 없다. 생산자에게 이보다 더 좋을 수 없는 완벽한 무대다. 내 정체성을 펼칠 무대가 있음에 얼마나 감사한지 모른다.

소비자가 아닌 생산자로서 SNS를 하는 목적을 명확히 하

라. 당신의 정체성은 SNS 구독자 수를 늘리는 게 아니라 사람들에게 무언가를 제공하는 것이다. 무엇을 제공하면 좋을지 테스트할 수 있는 공간이 바로 SNS다. 테스트하고 피드백 받는 게 목적이지 조회 수를 높이거나 구독자 수를 늘리는 게 목적이 아니다. 그러므로 내 생각을 잘 전달하고 피드백 받기에 좋은 SNS가 뭔지 고민해보라. 이때 중요하게 생각해야 할 점은 지치지 않고 쉽게 할 수 있어야 한다는 것이다.

블로그가 쉬울까, 유튜브가 쉬울까? 블로그가 쉽다. 글만 쓰면 되기 때문이다. 그런 경우라면 블로그로 시작하는 게 좋다. 만약 글재주가 없어 글보다 사진 한 장으로 표현하는 게 훨씬 효율적이라면 인스타그램을 할 수도 있다. 연기나 노래로 사람들을 즐겁게 해주고 싶다면 유튜브나 틱톡 등이 맞는 채널이다.

이 또한 너무 오래 고민하지 마라. 어차피 결국에는 여러 채널을 운영하게 될 것이기 때문이다. 그러니 가장 쉽게 할 수 있는 것을 먼저 선택하라. 만약 두 개 이상을 할 수 있다면 가장 쉬운 것을 선택하라. 그리고 하루 이내에 만들어라. 새 채널 만들고 타이틀은 10분 이상 고민하지 마라.

게시판은 처음에 하나만 있어도 된다. 타이틀 이미지를 어떻게 예쁘게 꾸밀지, 프로필은 어떻게 올릴지 고민하지 마라. 처음엔 아무것도 안 해도 된다. 디자인도 크게 중요하지 않다.

내일부터 아무 생각 없이 콘텐츠를 올릴 수 있는 환경을 만들어라. 내일이 되어서도 고민만 하다가 시간을 허비하는 일은 없도록 하라.

아웃풋 법칙 2.
정체성을 키워드로 연결시키는 법

네이버에서 '렘군'을 검색하면 나의 프로필과 운영하는 사이트 및 SNS 채널들이 뜰 것이다. 최근 업로드한 영상, 출간한 서적 등 관련 콘텐츠도 함께 노출된다.

그런데 만약 '렘군'이라는 이름이 생각 안 난다면 사람들은 어떻게 나를 찾을까? 누군지 정확히 알고 있는데 갑자기 이름이 생각 안 날 때 말이다.

그런 경우 있지 않은가. 박지성 하이라이트 골 모음 영상을 보고 싶은데 갑자기 박지성이라는 이름이 생각 안 난다면 어떻게 찾을 것인가? 누군가는 '2002년 월드컵 선수 명단'으로 찾을 테고, 누군가는 '프리미어리그 한국 선수'로 찾기도 할 것이다. '카타르 월드컵 축구 해설'로 빙빙 돌아서 찾을 수도 있다. 어떤 방법이든 관련 키워드와 콘텐츠로 찾는 것이 가장 빠르다. 그 사람에 대한 콘텐츠가 많으면 꼭 이름을 몰라도 쉽게 찾을 수 있다.

　평범한 개인도 이와 다르지 않다. 제일 좋은 건 물론 이름이
다. 사람들이 내 이름을 알고 들어오게 하는 게 제일 좋다. 서
비스명이나 기업명이 될 수도 있다. 중요한 건 타인과 '구분되
는' 이름이어야 한다. 이름이 너무 흔하다면 남들과 구분되는
다른 이름을 만들어야 한다. 연예인들이 가명을 쓰듯이 말이
다. 기업도 중복되지 않는 회사명을 찾으려 애쓴다. 서비스명
이나 상품명을 정할 때도 마찬가지다. 유일성은 기본 중의 기
본이다.

오직 당신만의 이름을 지어라

　당신이 사용할 닉네임에 정체성과 하는 일을 드러낼 수도
있지만 딱히 관련이 없어도 상관없다. '빌딩을 사랑한 남자'를
줄여서 '빌사남'이라고 닉네임을 만들 수도 있지만 '화가 렘브
란트를 좋아하는 청년'을 줄여서 '렘군'이라고 정할 수도 있
다. 그 의미에 너무 연연하지 말라. 핵심은 인터넷에 입력했을
때 중복되는 키워드가 없어야 한다는 점이다. 유일성이 무엇
보다 중요하다.

　내가 만난 수강생 중 닉네임이 '귤이'인 사람이 있었다. 네
이버 카페에서 활동할 때 쓰는 닉네임이었다. 본격적으로 자
신만의 브랜딩을 구축하려고 했을 때, 나는 그녀에게 닉네임

부터 변경하는 게 좋겠다는 조언을 해줬다. 네이버에서 '귤이'로 검색을 하면 과일 귤이 화면을 도배했기 때문이다.

그녀는 이후 닉네임을 '핸담'으로 바꿨다. '핸담'은 세상에 존재하는 단어도 아닐뿐더러 네이버, 구글에 입력해보면 특별한 게 뜨지 않아서 닉네임에 적합했다. 이렇듯 특별히 취향, 성격, 정체성과 관련이 없어도 된다.

닉네임이 아닌 SNS 채널의 타이틀 문구를 남들과 구분되게 만드는 것도 방법이다. 사람들은 이름이 떠오르지 않을 때 타이틀 문구를 입력하기도 한다. 나는 초창기 블로그 타이틀을 '렘군의 부동산 개척기'라고 지었다. '부동산 개척기'를 입력하면 찾아올 수 있도록 한 것이다. 비슷한 예로 강의 플랫폼 '클래스 101'이 생각 안 나면 타이틀 문구인 '세상의 모든 클래스'로 입력을 하면 '클래스 101'을 찾을 수 있다.

그 이름을 반복적으로 외쳐라

어떤 키워드와 나를 연결시킬지는 스스로 정하면 된다. 그리고 그 키워드를 반복적으로 외쳐라. 첫인사 글에 '안녕하세요. ○○○입니다'라고 하거나, 글을 마칠 때 '지금까지 ○○○이었습니다'라고 이야기할 수도 있다. 발행하려는 글의 제목에 나의 닉네임을 여러 차례 쓰는 것도 방법이다.

오프라인 가게와 달리 온라인 가게는 키워드로 찾아올 수

밖에 없다. 오프라인 가게는 지나가다라도 볼 수 있지만 온라인 가게는 '지나가다'의 개념이 없다.

자신의 아웃풋을 아무도 찾을 수 없도록 환경 설정한 이들이 주변에 많다. 그러면서 "이렇게 열심히 하는데 왜 사람들은 저를 몰라줄까요?"라고 푸념한다. 그건 당신이 타인을 배려하지 못한 탓이다. 어떠한 방법으로도 나를 찾아올 수 없게 만들어뒀다면 괜한 애를 쓴 것이다.

고유한 나를 연상시키도록 닉네임, 타이틀 문구, 발행하는 글의 제목, 본문에 들어가는 키워드를 타인과 구분되게끔 신경 써야 한다.

아웃풋 법칙 3.
딱 한 사람의 마음을 사로잡는 법

아웃풋을 시작하는 사람들이 자주 저지르는 실수는 모든 사람을 만족시키려 하는 것이다. 아직 아무도 내 이야기에 관심이 없는데 모든 사람을 만족시키려는 건 욕심이다. 욕심을 버려라.

친구나 가족을 제외한 낯선 사람 한 명을 만족시키는 것을 목표로 해야 한다. 딱 한 명을 만족시킬 수 있다면 두 명, 네

명, 10명도 만족시킬 수 있다. 단 한 명도 만족시키지 못하는데 어떻게 다수를 만족시킬 수 있을까. 스스로 이를 증명해내야 한다.

블로그 잘하는 법에 대한 이야기를 하고 싶은 사람이 있다고 해보자. 모든 사람을 대상으로 블로그에 관해 이야기할 수는 없다. 블로그 만드는 법 자체를 어려워하는 사람도 있고, 이미 블로그를 운영 중이지만 더 잘되는 법을 찾는 사람도 있다. 같은 상황이라도 사람에 따라 수준 차이가 많이 나기도 한다. 스펙트럼, 즉 범주도 다양하고 니즈도 다양하다. 모든 이를 만족시키는 방법은 없다.

그럼에도 많은 사람이 모두를 만족시키려는 실수를 저지른다. 다룰 수 있는 지식이 많다는 걸 알리고 싶어서, 혹은 '뭐 하나만 얻어걸려라' 하는 심정으로 이런저런 주제를 올리는 것이다. 결코 좋은 선택이 아니다. 한 분야를 주야장천 올려서 A라는 키워드를 연상하면 내가 바로 떠오르도록 해야 한다. 그다음 분야를 확장해나가도 늦지 않다.

딱 한 사람을 만족시킨다는 생각으로 말을 내뱉으면 의외로 일이 쉬워진다. 내용이 훨씬 더 뾰족해진다. 당신의 능력이 뛰어나 이 얘기도 하고 싶고, 저 얘기도 하고 싶을 수 있다. 그렇다고 해도 모든 것을 하나로 묶는 건 어리석은 생각이다. 두 개 중 하나만 선택해야 한다. 만약 두 개의 주제를 모두 이야기하고 싶다면 채널을 각각 분리해야 한다.

망해가던 블로그를 살린 두 가지 원칙

나는 블로그라는 용어가 생소했던 시절부터 블로그를 했다. 그동안 블로그에 취미생활이나 그때그때 생각나는 이야기들을 올렸다. 10년을 넘게 했지만 블로그는 전혀 성장하지 않았다. 그냥 일기장 수준이라 별다른 성과가 없었다. 그랬던 내가 딱 한 사람만 만족시키자고 마음먹자 블로그가 완전히 달라졌다. 그때부터 블로그를 새롭게 시작해봐야겠다고 결심하며 두 가지 원칙을 정했다. 원칙은 간단했다.

첫째, 검색해서 찾을 수 있을 법한 내용은 결코 올리지 않는다. 아무리 도움되는 내용이라 하더라도, 다른 누군가가 쓸 수 있는 콘텐츠라면 웬만하면 올리지 않았다. 부동산으로만 주제를 한정한 후 다른 곳에서도 볼 수 있는 내용은 지양한 것이다.

예를 들면, '2023년 1월 분양하는 단지 리스트'에 대한 글이라고 해보자. 이런 주제의 글은 부동산에 관심 있는 분들이 지금 이 순간에도 얼마나 많이 올리는지 모른다. 굳이 내가 올려야 할 이유는 없다. 그리고 이 정보가 독자 한 명을 대상으로 한다고 볼 수 없었다. 전국의 분양 중인 단지에서 특정 단지의 청약을 고민하는 사람은 많지만 전체 단지를 동시에 관심 가지는 사람은 많지 않다.

또 공부 차원의 글은 굳이 올리지 않아도 된다. 메모장에 담아두면 되지 그걸 온라인 가게에 올려야 할 이유는 없다. 파리바게트 매장을 오픈했는데 이번 달에 새롭게 출시한 다른 브랜드 매장의 빵 리스트를 내 가게에 전시할 이유는 전혀 없다.

둘째, 글을 읽는 독자는 단 한 명이라고 생각하고 썼다. 만약 '2023년 1월 분양하는 단지 리스트'를 올리고 싶은 마음이 들면, 항상 '이 글을 과연 누가 읽어야 할까?'라고 생각했다.

때때로 가상의 인물을 만들었다. 이 글을 읽는 사람은 딱 한 명이고, 그 한 명은 친동생이다. 친동생은 부동산에 전혀 관심이 없는 상태다. 그래서 동생에게 편지를 쓴다는 생각으로 썼다. 글은 항상 '동생에게'로 시작한다. 당연히 블로그에서는 생략한다. 내 마음속으로만 외치는 것이다. 그러고 나서 본격적으로 편지를 쓰기 시작한다.

"동생아. 부동산 세계로 온 것을 축하해. 드디어 내가 올렸던 '이번 달 분양 단지 리스트'를 검색해 봤구나. 사실 이런 정보는 어디서든 얻을 수 있을 거야. 나는 너의 진짜 걱정을 해결해주려고 해. 처음 집을 사기로 마음먹고는 여러 가지가 고민될 거야. 내 집 마련을 청약으로 하는 게 맞을지, 어느 단지에 청약을 넣어야 할지 등…. 내 오랜 경험상 이런 고민은 대부분 투자의 관점으로 바라보면 해결이 되더라고. 내 집 마련을 하면서 자산까지 불리는 방법을 명쾌하게 이야기해줄게. 이제라도 부동산 투자에 대해 함께 이야기할 수 있어 기뻐. 내 집 마련, 절대 포기하지 마. 넌 어렵지 않게 할 수 있을 거야. 내가 도와줄게."

이 글을 읽으면 독자들은 인터넷에 올라온 '2023년 1월 분양하는 단지 리스트'와는 차원이 다르다고 생각할 것이다. 자신의 마음을 들켰다고 생각할 것이다. 친형이 나에게 써준 편지를 읽고 있는 기분이 들 것이다. 어디서 이런 사람이 이제서야 나타난 걸까 생각하게 될 것이다.

실질적으로 이렇게 해야만 불특정 한 명에게 도움을 줄 수 있다. 나는 블로그에 발행하는 모든 글을 이런 마음으로 썼다. 그게 유튜브가 되었든 인스타그램이 되었든 원리는 같다.

진정한 정보를 주는 것이 아니라 타인을 꼬드기기 위해 제목만 자극적으로 쓴 글, 찌라시 성격의 글, 알고 있는 지식의 1퍼센트만 알려주고 결국은 나를 찾아오라는 식의 글은 이제 통하지 않는다.

당신이 아는 모든 걸 알려줘라. 자신이 알고 있는 게 이것밖에 없는데, 이걸 다 알려주면 어쩌나 고민하는 사람들도 많다. 나는 어떻게 했을까? 내가 알고 있는 걸 더 많이 늘렸다. 지금 알고 있는 것 위에 새로운 지식을 쌓아나갔다. 자기 발전에 확신이 없는 사람, 실력이 없는 사람만이 가진 것이 아까워 나눠주지도 않으면서 누군가 자기를 알아주기만을 기다린다. 이는 별다른 노력 없이 성장하기만 바라는 것과 같다. 세상은 생각보다 절대 만만하지 않다.

정보는 나를 위해서 기록하는 것이 아니다. 그런 유의 기록은 타인이 보지 않는 나만의 노트에 적어두면 된다. 공개된 온라인 공간에는 오직 타인을 위한 글을 써라.

아웃풋의 방향은 내가 아닌 타인이어야 한다.
그리고 그 타인은 딱 한 명이어야 한다.
무조건 '아내에게', '딸에게'라고 시작하라.
절대 여러 명일 필요가 없다.
자기 자랑이 아닌 그들을 위한 글을 써라.

한 명을 만족시킬 수 있는 사람은 그 방법으로 10명, 100명도 만족시킬 수 있다. 그러고 나면 내가 만족시킬 수 있는 사람의 수는 무한대라는 사실을 깨닫게 될 것이다.

아웃풋 법칙 4. 나를 각인시키는 법

아웃풋은 결국 타인에게 나를 인지시키는 일이다. 나아가 타인에게 나를 각인시키는 것이다. 지구 주변을 돌고 있는 인공위성이 있다고 생각해보자. 이 인공위성에 어떻게 하면 나를 인지시킬 수 있을까? 수많은 나라 중에서 한국, 한국에서도 서울, 서울에서도 특정 동네에 거주하고 있는 나라는 사람을 어떻게 하면 인지시킬 수 있을까? 당신이라면 어떻게 할 것인가?

날씨 맑은 날 높은 산에 올라가 나무도 없는 넓은 들판에 서서 온몸을 붉은색으로 칠한 후 손을 흔들면 인공위성에 작게 찍히긴 할 것이다. '이상한 물체가 있구나' 하는 정도는 보여줄 수 있다. 그런데 과거에 어떤 삶을 살았고, 현재 무슨 생각을 하고 있으며, 앞으로 무엇을 할지 인공위성에 보여주고 싶다면 어떻게 해야 할까? 붉은색으로 온몸을 칠하는 것만으로는 부족할 것이다.

꼭 인공위성까지 들먹이지 않더라도 나를 전혀 모르는 사람들에게 나의 존재는 물론 정체성까지 인지시키려면 단순히 튀는 방법만으로는 어렵다. 인공위성은 사진으로 존재를 인식하고, 사람들은 인터넷을 통해 타인을 인식한다. 둘은 완전히 달라 보이지만 나를 각인시키는 방법은 크게 다르지 않다.

인공위성에 나를 인지시키는 방법을 사용하면 전 세계인이 나를 발견하도록 만들 수도 있다. 내가 발견한 방법은 크게 세 가지다. 이 방법으로 존재 여부를 넘어 정체성까지도 전달하고 사람들에게 나를 각인시킬 수 있다.

발자국을 남겨 각인시키기

첫 번째 방법은 시간을 두고 나를 노출시키는 것이다. 인공위성이 하루 한 번 한국을 지나간다고 생각해보자. 그 한 번의 순간에 나의 모든 것을 인지시키려 하는 건 욕심이다. 주어진 시간 내에서 내가 보여줄 수 있는 한도만큼 노출하는 것이 최선이다.

이런 방법을 생각해볼 수 있다. 글자를 새긴 조명을 하나 만든다. 1일 치에 인공위싱이 시나살 때는 'My name is'라는 글자를 보여준다. 2일 차에는 'Remgoon'을 보여준다. 3일 차에는 내가 뭐하는 사람인지 보여주고, 4일 차에는 과거에 뭘 했는지 보여준다. 그리고 5일 차에는 현재 무엇을 하고 있는지, 6일 차에는 앞으로 뭘 할 것인지 보여주는 것이다. 7일 차부터는 앞으로를 위해 오늘 무엇을 했는지 보여준다. 이런 식으로 점 하나하나를 찍는 데 주력한다.

점 하나가 현재의 모습이라면, 점의 연결은 방향성이다. 그리고 그 방향성이 바로 정체성이 된다. 방향을 보면 이 사람은

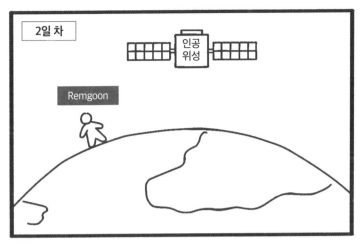

그림 4-2 인공위성에 나를 노출하기

어디서 출발했고 어디로 가고 있는지 예상할 수 있다. 이처럼 발자국을 남기는 것은 무척 중요하다. 한 방향으로 이어진 발자국은 하나의 스토리가 된다.

블로그에 글을 쓴다고 생각해보자. 내 1년의 기록이 블로그에 온전히 담겨 있다면 굳이 나를 설명하지 않아도 독자는 과거 행적을 보고 뭘 하는 사람인지 제대로 파악할 수 있을 것이다. 과거부터 현재까지 내가 무엇을 해왔는지 발자국만 잘 남겨놓아도 된다는 얘기다.

대단한 결과물을 단시간 내에 만들 생각은 하지 마라. 내가 꿈꿨던 최종 이미지가 완성되어야 글을 쓸 수 있는 것도 아니다. 인공위성이 하루에 한 번 한국을 지나가는 것처럼 우리가 하루에 쓸 수 있는 시간은 한정적이다.

누구에게나 마찬가지다.
짧은 시간 안에 모든 것을 다 이루려고 하지 마라.
할 수 있는 한도 내에서 실행하고
모든 것을 기록으로 남기는 것만으로도
정체성은 타인에게 잘 전달될 수 있다.

나의 분신을 통해 각인시키기

두 번째 방법은 공간을 통해 나를 노출시키는 것이다. 인공위성에 발견될 수 있도록 첫 번째 방식과 동일하게 'My name is Remgoon'이라는 글자를 만든다. 서울에서는 그렇게 보여주고, 부산에서는 'Remgoon helps people get rich'라는 글자를 보여준다. 대전에서는 또 다른 글자, 대구에서는 또 다른 글자를 보여준다. 하루 종일 전국에서 렘군에 대한 다양한 문구를 본 인공위성은 렘군에 대해 관심을 갖게 된다. 시간을 두고 노출시켰을 때보다 더 빠르게 렘군을 인식시킬 수 있는 것이다.

'여행에 미친 사람들'이란 이름의 네이버 카페를 만들었다고 생각해보자. 처음에는 조용할 테지만 꾸준히 여행 정보를 올리다 보면 비슷한 사람이 한두 명 가입할 것이다. 이제 이 카페가 조금 커졌다고 생각해보자. 나 혼자 블로그에 글을 올릴 때보다 훨씬 많은 정보가 더 빨리 생산될 것이다. 나와 비슷한 생각과 목표를 향해 가는 사람들이 있다면 더 빨리 노출될 수 있다.

결국 어떠한 공간을 만드는 것은 나의 분신을 만드는 것과 같다. 내가 만든 제품도 분신이고, 내가 만든 브랜드도, 내가 만든 유튜브 영상도 하나의 분신일 수 있다. 분신은 개인이 하기 힘든 일도 가능하게 만든다. 그리고 분신이 많으면 내가 원하는 걸 좀 더 빠르게 이룰 수 있다. 지금부터 내 일을 대신해줄 영리한 분신 하나를 만들어보자.

차별화를 통해 각인시키기

세 번째 방법은 차별화다. 다른 사람에게 나를 인지시키려면, 하는 일은 비슷해도 무언가 달라 보여야 한다. 앞에서 말한 두 가지 방식을 경쟁자들 모두가 하고 있다고 생각해보자. 서울, 부산, 대전, 대구에서 매일 저녁에 글자를 새긴 조명을 하늘로 쏘아대는 것이다. 이들과 경쟁을 하면서 어떻게 인공위성에 나의 존재를 알릴 수 있을까?

이때 차별화가 도움이 된다. 새벽 시간, 안개가 자욱해지는 시간대를 활용해 연기를 통해 나의 존재를 알린다. 오후에는 드론을 띄워 나의 존재를 드러낸다. 저녁에는 다른 이들처럼 조명을 쏠 수도 있지만 폭죽을 터트린다. 같은 일을 하더라도 진행 방식을 다르게 하거나, 특이한 행보를 선보이는 것만으로도 특별한 사람으로 인식된다.

나는 부동산 블로그를 하다가 부동산 빅데이터 플랫폼을 출시해 차별화를 꾀했다. 부동산 아파트 투자를 하다가 원룸 투자자나 부동산 디벨로퍼가 되기도 하지만 빅데이터 사업으로 옮겨가는 경우는 거의 없다. 이런 특이한 행보 덕분에 나는 특별한 사람으로 오랫동안 사람들의 머릿속에 각인될 수 있었다. 그 일들이 오직 자신을 위해서가 아닌 타인에게 정보를 제공하는 공급자의 관점이라면 더욱 빛을 발하게 된다.

부동산 강의 외에도 나에게 '시작 컨설턴트'라는 타이틀을 주고 '시작 캠퍼스'를 만들었다. 특별히 잘하는 게 없는 사람도 자신이 좋아하는 일을 통해 세상과 연결되는 법을 알려주는 학교를 만들어서 프로젝트를 진행했다.

이후에는 국내 부동산의 투자 종목을 넓혀나갔다. 아파트에서 시작하여 공장, 빌딩으로 넘어갔다가 곧이어 미국과 일본으로 투자 영역을 확대했다. 한국 사람이 한국 부동산을 잘하는 법이 아니라 전 세계인이 미국 부동산에 투자하는 법, 전 세계인이 일본 부동산에 투자하는 법으로 듣는 청중을 전 세계인으로, 투자 대상을 전 세계 국가로 넓혀버린 것이다. 국내

부동산에서 종목을 넓힌 건 흔한 일이지만 해외로 넘어가는 건 결코 흔한 일은 아니다.

전혀 예상치 못한 움직임을 보여주는 것만으로도 '이 사람은 이 분야에 미친 사람이구나'라는 인식을 줄 수 있다. 자연스레 앞으로 행보가 궁금해질 수밖에 없다.

차별화를 꾀하는 방법은 정말 많다. 예상치 못한 행보는 그중 하나일 뿐이다. 그 일을 하는 취지, 진행 방법, 내용의 참신함, 콘텐츠의 진정성, 모집 방법, 제공 방법 등 모든 게 차별화 요소가 된다.

예를 들어, 누구는 블로그에 글만 쓰는데 나는 블로그 구독자를 대상으로 매주 한 명씩을 만나 도움이 되는 이야기를 전한다고 생각해보자. 그것만으로도 다른 사람들과 차별화될 수 있다.

실제 내가 했던 일대일 무료 코칭도 비슷했다. 블로그로 지식을 전하는 게 효율적이지만 일대일로 오프라인에서 만나 매주 금요일 세 시간씩 그들의 고민을 해결해줬다. 부동산 정규강의를 온라인으로 진행할 때는 녹화 영상의 아쉬운 점을 감안해 15명의 트레이너를 뽑고, 수강생에게 일대일 전담 교사를 붙여주기도 했다. 모집을 할 때는 선착순이 아닌 선발식으로 진행한 적도 많다. 꼭 듣겠다는 의지가 남다른 사람만 듣도록 한 것이다.

이처럼 예시는 너무 많다. 무언가를 진행할 때 아무 생각 없이 하는 관성적인 행동들이 분명 있을 것이다. 그 지점에서 약간의 변화를 줘보자. 남들과 조금 다른 방식으로 바꾸고, 듣는 이에게 도움되는 방식을 선택하면 된다.

지금까지 세상에 나를 각인시키는 방법 세 가지를 설명했다. 가만히 있는데 세상 사람들이 나를 알아줄 리는 없다. 사람들은 너무 바쁘다. 지금 하는 일을 하기에도 시간이 너무 부족하다. 그들에게 나의 존재를 알리는 것은 결코 쉬운 일이 아니다.

하지만 당신의 존재 목적을 타인을 위해 사는 것이라고 바꿔보자. 억지로 해야 할 일이 아니라 그 일은 나의 사명감이자 응당 해야 할 일이라고 생각해보자. 사연스럽게 세상에 무엇을 제공해야 할지 고민하게 될 것이다.

이왕 시작했다면 발자국을 남기는 일부터 해보자. 공간 개념으로 나아가 나의 분신이 많아질 수 있도록 세팅하라. 마지막으로 내가 하는 모든 일을 쉬운 것부터 차별화해보라.

딱 3개월만 변화를 줘보라.
최근 3개월간 나의 행적을 선으로 그어보라.
그게 앞으로의 1년을 결정한다.

세상은 나에게 반응할 것이고,

나는 세상과 빠르게 연결될 것이다.

아웃풋 법칙 5. 빠른 시작의 기술

아웃풋을 잘하는 것보다 더 중요한 게 있다. 바로 결심하자마자 빠르게 '실행'하는 것이다. 나는 남들보다 시작이 빠른 편이다. 모두들 어떻게 그렇게 빠르냐고 묻곤 하는데, 그저 내가 하는 일마다 아웃풋 법칙을 적용했을 뿐이다.

먼저 시작과 끝의 개념에 대해 살펴보자. 시작과 끝은 3단계로 이루어져 있다. 시작, 과정, 그리고 목표 달성이다. 시작은 목표한 것을 처음 실행한 단계이다. 그 이후 지루하고 긴 과정 단계에 돌입하게 된다.《1만 시간의 법칙》,《습관의 재발견》 등 과정 중심의 책이 많이 나오는 이유는 이 때문이다. 과정을 인내하고 나면 목표 달성이 기다린다.

하지만 이 세 개 중에서 제일 중요한 것은 시작이다. 시작이 없으면 과정도, 목표 달성도 없기 때문이다. 보통 사람들은 시작은 쉬운데 3일 이상 지속하는 게 어렵다고들 말한다. 반은 맞고 반은 틀렸다. 실제로는 시작다운 시작을 전혀 하지 않은 경우가 많다.

'유튜브를 한번 해볼까' 하는 생각은 누구나 한다. 하지만 정작 시작하는 사람은 거의 없다. 어떤 주제로 영상을 찍을지까지는 생각하지만 '유튜브 채널 주소가 어떻게 돼요?'라고 물어보면 아직 영상을 안 올렸다고 하는 경우가 허다하다. 한 달이 지나도 상태는 같다. 이는 시작조차 못한 것이다. 이렇듯 그냥 방치되는 경우가 너무 많다. 그게 제일 안타깝다.

나는 어떻게 하면 사람들이 시작을 잘하게 도울 수 있을지 고민했다. 혹시 나 같은 생각을 먼저 한 사람이 있지 않을까 싶어 찾아 보니, 한 권의 책을 발견할 수 있었다. 개리 비숍Gary Bishop이 블로그에 쓴 글을 모아 책으로 엮은 《시작의 기술》이다. 과정과 목표 달성에 대한 책은 널리고 널렸지만 시작에 대한 책은 드물다. 제대로 시작조차 하지 못하는 사람이 있다면 이 책을 꼭 보길 바란다.

아웃풋 법칙에 있어 시작을 빠르게 하는 것은 대단히 중요하다. 일단 시작을 해야 사람들과의 접점이 생기기 때문이다. 시작을 미루면 아무런 일도 일어나지 않는다.

실행을 가로막는 '시작의 8단계'

음식도 먹어본 사람이 잘 먹는다고 했던가. 시작도 많이 시작해본 사람이 잘한다. 그들은 어떻게 해야 빠르게 시작할 수 있는지 잘 안다. 나도 처음엔 시작이 느렸다. 계속 고민만 하다가 시작도 못하고 포기해버린 경우가 더 많았다. 내가 했던, 그리고 사람들이 지금도 하고 있는 시작은 사실 8단계로 구성되어 있다. 사람들이 '시작했다'라고 말하기 전에 7단계가 더 있다는 이야기다.

1단계 떠보기: 단순히 떠오른 아이디어 구체화하기

2단계 탐색: 아이디어 관련 정보 검색하기

3단계 분석: 아이디어에 관해 검증하기

4단계 고민: 아이디어의 방해 요소 생각하기

5단계 방치: 아이디어에 대한 결정을 미루기

6단계 결심: 아이디어를 실현하기로 다짐하기

7단계 할 일 정의: 아이디어를 실현하기 위해 무엇을 해야 할지 정의하기

8단계 시작: 아이디어를 실행하기

'유튜브 한번 해볼까?'라는 생각은 떠보기 단계다. 그다음 유튜브가 정말 돈이 되는지, 나 같은 사람도 할 수 있는 일인지 살펴보는 게 탐색 단계다. 어떤 주제를 해야 하지? 촬영은? 편집은? 모르는 게 너무 많은데 어떻게 하지? 등을 생각하는 것이 분석 단계다.

난이도 있는 목표일 경우 시작은 더 요원해지는데, 그렇지

않다는 판단이 들면 그때부터 고민이 시작된다. 수많은 핑계와 제약을 떠올리는 단계가 바로 이 고민 단계다. 어려운 일일수록 즉시 결정을 못하는 경우가 많다. 그럼 방치 단계로 들어간다. 결정을 나중으로 미루는 것이다.

그러다가 어떤 계기로 큰 결심을 하게 된다. '진짜 해야겠다' 하고 말이다. 그게 결심 단계다. 결심 단계까지 오면 할 일이 갑작스럽게 많아진다. 카메라를 사야 하고, 편집 프로그램을 결제해야 하고, 주제를 정해야 하는 등 할 일이 산더미처럼 쌓인다. 시작을 위해 지금 뭘 해야 하는지 정리하는 시간이다. 막상 정리를 해보면 만만치가 않다.

그래서 정리를 하다가 다시 고민이나 방치 단계로 빠지는 경우도 허다하다. 이 단계를 다 완수하고 유튜브 채널을 만든 뒤 첫 영상이 올라간 순간, 그제야 비로소 시작이 완성된다.

결론적으로 보면 고작 유튜브에 영상 하나 올린 게 다다. 대단한 일을 한 것도 아닌데, 뭐가 그리 할 게 많은 걸까? 아무것도 안 하고 그냥 유튜브에 영상부터 올리면 안 되는 걸까? 앞의 7단계를 모두 건너뛰고 가장 빨리 시작하는 법을 알려주겠다.

자, 이렇게 해보자. 일단 휴대폰을 켠다. 내 눈앞에 보이는 거실 청소기를 10초 동안 찍는다. 영상을 유튜브에 편집 없이 바로 올린다. 제목은 '다이슨 청소기 사용 후기'로 한다. 섬네

일은 청소기가 잘 보이도록 사진 한 장을 더 찍어 올린다. 모든 과정은 10분 안에 완료된다. 하루 동안 사람들의 조회 수를 확인해본다. 당신은 이미 유튜브 영상을 하나 업로드했다. 시작을 완료한 것이다. 이후 어떤 주제로 영상을 올릴지 고민해보면 된다. 훨씬 빠르지 않은가?

스스로 판단하지 마라

앞의 이야기는 실제 내가 유튜브를 처음 시작할 때 썼던 방법이다. 정말로 다이슨 청소기를 30초 정도 찍어 올렸다. 30초 동안 아무 말도 하지 않고 벽에 기대어 있는 청소기만 촬영했다.

사람들의 댓글이 달렸다. '낚였군', '사용 후기는 왜 없고 영상이 가만히 있나요?' 아무것도 아닌 내 영상의 조회 수는 일주일 동안 100회를 넘겼다. 이렇게 대충 올려도 사람들이 봐준다는 걸 확인한 것이다. 그리고 나서 해당 영상을 '숨김'으로 처리했다. 이후 어떤 주제로 만들지만 고민하고, 첫 영상을 빠르게 올렸다. 부족한 대로 일단 시작한 뒤 세밀하게 다듬어가는 전략이었다.

강의를 할 때도 마찬가지다. 이야기하고 싶은 주제가 정해졌다면 제일 먼저 공지문부터 쓴다. 공지문을 블로그에 올리고 접수 기간은 1개월로 한다. 댓글을 남겨주면 해당 강의의 신청서를 보내주겠다고 한다. 이 모든 과정은 세 시간이 채 걸리지 않는다.

그다음 강의 커리큘럼을 고민하고, 영상을 찍으면 된다. 선 공지, 후 준비다. 댓글이 하나도 달리지 않으면 이후 일은 안 해도 된다. 미리 완벽하게 준비만 하다가 시간을 허비할 필요가 없다. 약속한 시간 내에 준비가 덜 되었을 때도 큰 문제는 없다. 최악의 경우라도 신청자에게 그냥 환불을 해주면 된다. 미흡한 준비를 보완한 후 다시 공지하면 된다. 세상이 무너지는 일은 일어나지 않는다.

오히려 그 반대가 더 심각한 일이다. '유튜브 잘하는 법' 강의를 만들기 위해 먼저 구독자 수 10만 명 달성이라는 목표를 세운다. 목표를 달성하는 데 1년이 걸릴지 10년이 걸릴지 알 수 없다. 왜 그런 목표가 나왔는지도 의문이다. 목표를 달성할 때쯤이면 주변에 나보다 잘하는 사람들이 너무 많이 보인다. 나는 2년 걸렸는데 누군가 3개월 안에 달성해버리는 게 아닌가. 그리고 그 사람이 먼저 유튜브 강의를 론칭한다. 나는 너무나 작아져서 시작조차 못하고 꿈을 접어버리고 만다. 이런 일이 비일비재하다.

구독자 수 10만 명보다 조금 모자란 9만 9,000명을 보유하고 있다고 강의하지 말라는 법은 없다. 거기서 조금 더 부족하면 어떻게 할 것인가. 질문을 계속하다 보면 경계라는 건 없다는 사실을 깨닫게 된다. 스스로 경계를 지어 굴레를 씌우지 말자. 나보다 한 걸음 뒤에 있는 사람들을 위해 얼마든지 내 지식을 내어줄 수 있다.

서비스를 만들거나 물건을 팔 때도 비슷하다. 내가 어느 정도 위치에 있어야 물건을 팔 수 있는지 그 경계선이 굉장히 모호하다. 자신의 기준이 터무니없이 높지 않은지 살펴봐야 한다. 명심해야 할 것은 마음가짐이다. 정말로 도움을 주고 싶다는 마음이 확실하다면 망설일 필요가 없다. 받은 돈 이상의 가치를 제공하면 그만이다. 판단은 그들의 몫이다. 스스로 미리 판단하려고 하지 마라.

나는 서비스를 기획할 때 '랜딩페이지'라고 부르는 사이트 첫 페이지를 가장 먼저 만든다. 보통은 기획이 다 된 후에 사이트를 만드는데, 나는 아이디어 기획과 동시에 첫 페이지부터 만든다. 임시 도메인을 먼저 생성하고, 사이트부터 빠르게 만드는 것이다.

외주로 일을 맡기는 등의 선택지는 애초에 없다. 대신 첫 페이지에 담길 문구를 생각하는 데 최소 세 시간 이상을 할애한다. 그리고 신청 양식을 만들고 신청 페이지를 열어둔 뒤 세부 기획을 시작한다. 도메인 주소는 어떻게 할지, 첫 페이지에 어떤 내용을 담을지, 다른 페이지에는 어떤 내용을 넣을지, 신청이 들어오면 어떤 식으로 제공할지 등을 생각한다. 디테일한 것은 나중에 생각해도 아무 문제 없다. 오히려 첫 페이지를 만들면서 생각이 더 명확해진다.

앞에서 언급했던 시작의 8단계를 과감히 생략하라. 그리고 바로 시작하라. 고객과의 접점이 되는 부분에 집중하고 나머지는 천천히 진행하라. 1단계부터 7단계는 인풋이고 8단계만 아웃풋이다.

우리가 아웃풋이라 믿는 것 중 대다수는 인풋이다.
세상과 연결되는 행동만이 아웃풋이다.
이것만 알면 모든 일을 빠르게 시작할 수 있다.
언제나 과한 인풋을 주의하라.

아웃풋 법칙 6. MCBI에 맞는 아웃풋 전략

아웃풋의 핵심은 내가 원하는 것이 아닌 타인이 원하는 것을 제공하는 데 있다. 그러기 위해서는 세상의 모습을 제대로 파악해야 한다.

앞서 생산자 입장에서 세상의 모습을 크게 네 가지 영역으로 분류했다. 그렇다면 아웃풋을 그에 맞는 모습으로 세상에 내놓는다면 어떨까? 아웃풋을 통해 세상과 더 빠르게 연결될 수 있을 것이다. 다음의 사례를 보자.

"저는 그림책이 너무 좋아요. 그림책을 읽고 감동받았어요. 어린아이들뿐 아니라 그림책을 통해 어른들에게도 위로를 주고 싶어요. 제 정체성은 그림책이에요. 그림책 이야기를 블로그로 전해보고 싶어요."

위 사례를 보면 이 사람은 자신의 정체성이 그림책이라고 생각하고 있는 듯하다. 그러나 '나 = 그림책'이 될 수 없다. 정체성은 다음과 같이 정의되어야 한다.

나는 그림책으로 ○○를 해주는 사람이다.

그림책으로 어른들에게 위로를 해주고 싶다면 정체성은 '그림책으로 위로를 해주는 사람'이 되어야 한다. 정체성은 결코 명사가 될 수 없다. 무조건 동사여야 한다. 그림책은 동사가 아니다. 위로가 동사다. 그림책은 매개체일 뿐이다.

위로를 해주는 것이 정체성이라면 꼭 그림책이 아니더라도 다른 매개체를 통해 전달될 수 있다. 사람들이 '위로'라는 단어를 떠올렸을 때 나를 떠올릴 수 있다면 완벽해진다.

만약 '그림책'이라고 했을 때 나를 떠올리게 하고 싶다면,

차라리 '그림책 읽어주는 언니'라는 유튜브 채널을 만드는 게 어떨까? 뭔가 더 분명하게 느껴질 것이다.

'색종이 아저씨' 하면 떠오르는 사람은 김영만 씨다. 그는 색종이로 뭔가를 만드는 법을 알려주었다. 이 외에도 '김영만의 만들기 나라'라는 이름으로 아이들이 좋아할 만한 다양한 만들기 기법들을 선보였다. 그래서 기성세대들에게 김영만 씨는 '만들기'에 관한 즐거운 추억으로 기억되고 있다.

그림책을 꼭 정체성으로 삼고 싶다면 찰떡궁합의 동사를 찾아야 한다. 그림책 읽어주는 사람, 그림책 소개해주는 사람, 그림책 추천하는 사람 등 그림책으로 하는 '행동'과 받는 사람이 '무엇을 얻을 수 있는지'를 명확히 해야 한다. 그림책 읽어주는 사람에게는 그림책 이야기를 듣고 싶은 사람이 있으면 된다. 시중에 괜찮은 그림책이 없으면 그림책을 직접 만들어서 제공할 수도 있다. 그림책을 빌려주는 서비스를 만들어 제공할 수도 있다.

이처럼 동사가 무엇이냐에 따라 아웃풋할 형태가 완전히 달라진다. 정체성을 제대로 찾지 못하면 MCBI를 선택할 수가 없다. MCBI를 선택하지 못하면 어떻게 아웃풋할지 결정하기 어렵다.

당신의 정체성은 무엇인가? 동사를 활용해서 생각해보자.

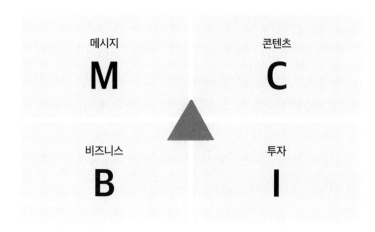

그림 4-3 MCBI 도식

나는 _____ 하는 사람이다.

이제 당신의 정체성을 확실히 찾았다. 그럼 다시 그림책의 예시로 돌아가 보자. 여기에서 정체성은 '위로'였다. 위로는 사람들의 감정을 움직이기에 MCBI에서 메시지의 성격이 강하다. 메시지를 던지고 방향성을 제시하기 때문이다. 이를 활용하여 콘텐츠로 만들어 사람들에게 좋은 영향력을 미칠 수 있다.

위로가 들어간 영상이나 책이 얼마나 많은지 모른다. 블로그를 활용해도 좋고, 페이스북을 활용해도 좋다. 하고 싶은 이야기를 영상으로 만들어볼 수도 있다.

만약 정체성이 '그림책 읽어주는 사람'이 되면 MCBI에서 콘텐츠 영역으로 가는 게 적합할 것이다. 정체성이 '그림책을 만드는 사람'이라면 비즈니스 영역으로 가야 한다. 상품과 서비스를 만들어 판매해야 하는 것이다.

이렇게 정체성을 확실히 정한 뒤 MCBI에서 적절한 영역을 선택하고, 그 영역에 맞는 아웃풋을 해야 한다.

메시지 영역: 나만의 방향성 제시하기

생각은 명확하지만 그것이 아직 현실화되지 않은 상태가 메시지다. 메시지는 현실의 문제를 해결하지 않는다. 그것은 비즈니스, 콘텐츠, 투자 영역에서 할 일이다. 메시지 영역에서는 사람들에게 '방향성'을 제시한다. 좋은 메시지는 사람들에게 생각할 거리를 던져주고 더 듣고 싶게 만든다.

서점에 가면 요즘 사람들이 어떤 메시지에 관심 있는지 알수 있다. 인터넷 서점에 들어가서 베스트셀러 순위를 보라. 세상, 나(인간), 연결에 대한 주제가 모두 순위에 들어가 있다.

《트렌드 코리아》는 세상에 대한 이야기다. 《역행자》는 성공으로 가는 세상과 나의 연결에 대한 이야기다. 《부자 아빠 가난한 아빠》는 부자가 되는 법에 대한 이야기, 즉 돈과의 연결에 대한 이야기다. 《기분을 관리하면 인생이 관리된다》는

인간에 대한 이야기, 즉 나에 대한 이야기다.《오은영의 화해》
도 나와 타인의 연결에 대한 이야기다.《데일 카네기 인간관
계론》도 나와 타인의 연결에 대한 이야기다.《NFT 레볼루션》
은 세상에 대한 이야기다.《타이탄의 도구들》은 성공으로 가
는 세상과 나의 연결에 대한 이야기다.

그 밖의 부동산 베스트셀러들은 입지부터 투자 방법론까지
알려주는데 대부분 세상에 대한 이야기다. 주식도 마찬가지
다. 소설은 주인공이 등장해 이야기를 이끌어가는데, 이는 나
와 세상에 대한 이야기다.

당신이 메시지를 던지는 사람이 되고 싶다면 강아지, 자동
차, 골프 같은 주제보다는 이처럼 인간의 본질과 맞닿은 세상,
나, 연결 등을 주제로 정하는 것이 좋다.

메시지는 진입장벽이 낮고 필요한 재료가 내 생각밖에 없어
서 수월할 것 같지만 단점도 많다. 일단 메시지는 내용보다 인
지도와 신뢰도가 매우 중요하다. 거지가 부자되는 법을 이야
기해준다면 그 말을 누가 믿겠는가? 김미경 강사가 대화법 관
련 책을 냈을 때와 인지도가 아예 없는 대학교 교수가 대화법
관련 책을 냈을 때 어떤 책이 더 잘 팔릴까? 보나마나 전자에
관심이 많다.

책의 내용을 떠나 대중은 인지도를 먼저 보고 선택한다. 메
시지 영역에서 빛나고자 한다면 내가 빛나는 사람이 되어야

한다. 내가 빛나지 않으면 아무리 좋은 메시지가 있어도 세상이 알아주지 않는다. 유명해지고 나서야 내 작품이 빛을 본다. 그만큼 시간이 오래 걸린다. 메시지 영역에서는 아주 강력한 메시지만 관심을 받는다. 1퍼센트만이 살아남는 냉혹한 시장이기도 하다.

이렇듯 메시지만으로는 자체 수익을 만들기 어려우므로 메시지를 진화시켜 제2의 수익모델을 구축해야 할 필요가 있다. 그중 하나가 책이다. 책을 내면 수익이 발생하고, 말로 전달하던 것들이 글로 더 명확하게 전해진다. 책이 진화하면 강연이 된다. 강연이 더 진화하면 컨설팅이 되고, 컨설팅이 진화하면 프로젝트가 된다.

메시지 영역에서는 단순 정보보다는 방향성이 중요하다. 사람들에게 당신만의 방향성을 제시할 수 있어야 한다. 남들은 생각하지 못한 이야기로 사람들을 깨우치고 영향을 미쳐야 한다. 그 과정에서 자연스럽게 인지도가 쌓인다.

콘텐츠 영역: 즐겁거나 이롭거나

콘텐츠는 메시지가 읽고, 듣고, 볼 수 있는 형태로 가공된 것을 뜻한다. 우리가 늘 접하는 책, 라디오나 팟캐스트, TV 프로그램 등이 모두 콘텐츠에 속한다. 과거에는 콘텐츠를 한 명의 개인이 만드는 것이 거의 불가능했다. 그러나 오늘날은 유튜브 같은 플랫폼이 생기면서 남녀노소를 불문하고 누구나 자기만의 콘텐츠를 만드는 세상이 되었다.

특히 읽고 듣는 것에서 보는 것으로 매체가 진화하면서 유튜브는 모든 영역을 블랙홀처럼 빨아들이고 있다. 기존의 TV 뉴스뿐만 아니라 검색엔진도 흡수했다. 이제 사람들은 네이버, 다음 등의 포털 사이트에서 검색하지 않고 유튜브를 통해 정보를 얻는다. 자신의 일상을 글이 아닌 브이로그로 기록한다. 음악도 유튜브로 듣고, 맛집도 유튜브에서 찾는다. 사진 한 장으로 전 세계 사람들과 연결되는 인스타그램은 또 어떤가. 평범한 개인이 손쉽게 '콘텐츠 생산자'로 접근해볼 수 있는 매체는 블로그, 유튜브, 그리고 인스타그램 정도가 있을 것이다.

인지도가 없다면 콘텐츠 영역에서 시작하는 것이 무난하다. 좋은 콘텐츠를 만들면서 인지도를 함께 쌓아나갈 수 있기 때문이다. 유명하지 않아도 영상 콘텐츠는 얼마든지 높은 조회 수가 나올 수 있다.

세상, 나, 연결과 관련 있는 아주 사소한 키워드 하나만 있어도 콘텐츠가 될 수 있다. 영상에 꿀벌만 매일 나와도 재미있다면 사람들은 본다. 고양이 여러 마리가 나오는 영상도 본다. 1년 내내 먹기만 하는 영상도 본다. 과거에는 상상할 수 없었던 아무런 메시지가 없는 콘텐츠가 지금은 '재미'와 '공감'이라는 요소로 연결되는 것이다. 캠핑, 등산, 낚시, 축구 등 어떤 채널도 만들 수 있다.

콘텐츠 형태로 아웃풋할 때는 두 가지만 명심하면 된다.

1. 구독자를 즐겁게 하는 것
2. 구독자에게 이로운 정보를 제공하는 것

최소한 둘 중 하나는 있어야 한다. 처음 시작할 때 나의 인지도는 관계없다. 구독자가 많아지면 그게 인지도가 되는 것이다.

비즈니스 영역: 문제 해결만이 답이다

비즈니스 영역에서 아웃풋을 할 때는 사람들이 느끼는 불편함과 문제 해결에 집중해야 한다. 글을 쓰거나 책을 내는 데 집중하면 안 된다. 사람들에게 굳이 방향성을 제시하지 않아도 된다. 그보다는 양질의 상품을 제작하고, 이를 잘 알리기 위해 노력해야 한다.

비즈니스 영역을 선택했다면 인지도를 쌓는 데 열을 올리지 마라. 사람들을 즐겁게 해주거나 이로운 정보를 주기 위해 콘텐츠 제작에 집중할 필요도 없다. 해당 문제를 겪고 있는 사람들이 얼마나 많은지 찾고, 그 지점을 해결해주는 데 온 힘을 다해야 한다.

비즈니스 영역의 아킬레스건은 바로 브랜딩과 시장점유율이다. 브랜딩 되어 있지 않으면 시장이 외면한다. 시장점유율이 낮으면 사람들이 이용하기를 꺼린다.

처음에는 아무것도 없기 때문에 고객 만족에 정성을 다해야 한다. 최선을 다해 한 명의 고객을 만족시킨다는 마음으로 시작해야 한다. 왜 고객이 불편한데도 허술해 보이는 내 서비스를 이용하는지, 해당 서비스 및 제품에서 어떤 걸 기대하는지 잘 귀담아들어야 한다.

투자 영역: 차별화된 방법론을 제공한다

투자 영역은 인생에서 가장 중요한 돈과 관련된 문제를 해결해준다. 주식, 부동산 등 재테크 분야에서 성공 경험이 있고, 이를 바탕으로 다른 이들의 투자를 도와주고 싶다면 이 영역이 적합하다.

투자 영역에서 중요한 것은 수익률과 방법론이다. 그 사람의 특성은 덜 중요하다. 적금 가입을 하는데 금리가 하나는 3퍼센트고 하나는 5퍼센트라면 당연히 후자에 가입할 것이다. 해당 은행의 은행장이 누구인지 확인하고 가입하는 사람은 없다.

A라는 사람이 1억 원을 투자해서 2년 만에 10억 원을 만들

었다고 한다. B라는 사람은 1억 원으로 2년 만에 50억 원을 벌었다고 한다. A와 B 중에 어떤 사람의 방법을 더 알고 싶은 가? 대부분 후자의 방법을 궁금해한다. 그가 어떤 사람인지는 그다음이다.

투자 영역에서 누군가에게 영향력을 미치고 싶다면 나의 투자 수익률과 방법론이 다른 사람들과 차별점이 있어야 한다. 책을 쓰고 방송에 나온다고 해서 될 문제가 아니다. 처음에는 반짝 인기를 끌다가 이내 사라지는 사람은 자신만의 수익률과 방법론이 별 볼 일 없기 때문이다.

지금까지 아웃풋 법칙에 대한 설명을 듣고 누군가는 이렇게 이야기할지도 모른다.

"저는 아웃풋은 관심 없고요, 그냥 돈을 많이 벌고 싶어요. 돈 많이 버는 법 없을까요?"

돈을 많이 벌고 싶다면 꼭 기억해야 할 게 있다. 누군가에게 전달한 가치의 크기만큼 나에게 '보상'으로 돌아온다는 것이다. 그 보상이 돈이 될 수도 있고, 명예가 될 수도 있으며 누군가에겐 권력이 될 수도 있다. 그게 무엇이든 돈만 좇아서는, 즉 아웃풋하지 않고서는 절대 주어지지 않는다. 허상만 좇다가 소중한 시간을 잃고, 운이 없으면 가지고 있던 돈마저 잃게 된다.

사람들이 당신을 찾을 수 있도록 공간을 만들고 간판을 달아라. 고유한 정체성을 설정하고, 그와 관련된 키워드를 도출하라. 그 키워드에 사람들의 욕구가 들어 있는지 확인하라. 이후 지속적으로 아웃풋하며 단 한 사람이라도 제대로 만족시켜라.

그리고 나를 각인시켜라. 빠른 실행을 통해 한 사람이 아닌 여러 사람에게 나를 노출하라. MCBI 영역에 맞는 모습으로 지속적으로 아웃풋하라. 여기까지 한다면 수년 뒤 지금과 전혀 다른 모습이 되어 있을 것이다.

SUMMARY

- 1단계. 피라미드 밖으로 뛰쳐나가라
- 2단계. 성공의 사분면을 찾아라
- 3단계. 정체성을 발견하라

📂 4단계. 세상을 향해 아웃풋하라

1. 우리가 아웃풋이라 믿고 있는 것들 중 대다수는 인풋이다.

2. 인풋보다는 아웃풋을 먼저 하라. 아웃풋은 가치 있는 제품, 서비스, 정보 등을 타인에게 제공하는 행위다. 고객과의 접점이 일어나는 순간이다.

3. 고객이 나를 찾을 수 있도록 온라인에 있는 나의 프로필부터 정비하고 키워드 중심으로 자신을 브랜딩하라.

4. 모두를 만족시키려 하지 말고 딱 한 사람만 감동시킨다는 생각으로 임하라.

5. 내가 가만히 있는데 세상이 나를 알아줄 리 없다. 인지 수준을 넘어 타인에게 나를 각인시켜라.

6. 완벽한 시기는 없다. 다른 사람보다 한 걸음 더 나아갔을 때 나보다 한 걸음 뒤에 있는 사람을 도와줘라.

7. 시작에는 총 8단계가 있다. 1단계부터 7단계를 건너뛰고 8단 계부터 진행하라.

8. MCBI에 맞는 모습으로 지속적으로 아웃풋하라.

5단계. 넘버원이 아닌 온리원이 돼라

6단계. 저항을 완전히 무력화시켜라

5단계

넘버원이 아닌
온리원이 돼라

경쟁하려 하지 마라.
당신의 재능을 조금 비틀면 온리원이 된다.

우리는 어린 시절부터 입시 경쟁, 취업 경쟁, 승진 경쟁 등 온갖 경쟁 구도 안에서 일생을 보냈다. 그래서인지 무의식적으로 '넘버원'이 되고자 갖은 애를 쓰곤 한다. 반드시 최고가 되어야만 살아남을 수 있다고 생각하는 것이다. 그렇게 우리는 오직 1등만을 생각하다가 오히려 남과 달라지는 방법, 즉 차별화하는 방법을 잊게 되었다.

물론 넘버원이 명확한 분야도 있다. 스포츠는 어쩔 수 없이 승자 독식 구조라 오직 1등만 기억에 남는다. 하지만 우리의 인생은 스포츠가 아니다.

한국에서 최고의 요리사가 누구인지 당신은 답할 수 있는가? 나는 요식 업계에 대해 잘 모르고 관련 종사자가 아니라서 아는 사람이 단 한 명도 없다. 신라호텔 주방장이 누구인지, 요리 협회의 협회장이 누구인지도 모른다. 그러나 한두 명 떠오르는 사람은 있다. 바로 백종원 대표와 이연복 셰프다. 이유는 없다. TV에서 자주 본 것이 전부다. 나에겐 이들이 음식 분야에서 넘버원이다. 하지만 전문가의 입장에서 봤을 때 이들이 정말로 한국의 넘버원이라고 할 수 있을까? 아닐 것이다. 그렇다면 이런 의문이 뒤따른다. 도대체 넘버원의 정의가 뭐란 말인가?

사실 스포츠를 제외하고 우리의 삶에서 넘버원이라는 개념 자체는 굉장히 모호한 것이다. 전국 요리대회 1등이 넘버원인지, 3년 연속 미슐랭 인증을 받은 레스토랑 셰프가 넘버원인지, 장사를 잘해서 높은 매출을 올리는 가게 사장이 넘버원인지, 그것도 아니면 죽은 상권도 살려낸다는 백종원 대표가 넘버원인지 모호하다. 이렇게 목표 자체가 모호한데 왜 우리는 언제나 1등을 향해 달려가려는 걸까?

넘버원은 허상이다

넘버원의 정의를 바꿔야 한다. 그 개념은 사회가 자신의 편의를 위해 만들어낸 허상에 불과하다. 정체성을 바탕으로 스스로의 재능을 활용해 세상에 가치를 제공하는 사람이라면 누구나 넘버원이 될 자격이 있다.

누군가를 따라 하려는 사람은 추종자이고, 그들의 롤모델이 되는 사람은 넘버원이 아니라 온리원이다. 그 사람의 생각, 가치관, 행동 모든 것이 대다수의 사람과는 다르다. 그들에게는 그들만의 개성이 있다. 또한 자기 일을 사랑하고, 타인에게 무언가를 제공해주는 것을 즐긴다.

당신은 온리원이 될 수 있는 사람인가? 온리원이 되기 위해서는 몇 가지 법칙이 있다. 이 법칙만 알고 있다면 누구나 온리원이 될 수 있다. 어떤 주제에서라도 말이다.

'장사의 신'이라는 유튜브 채널이 있다. 운영자는 은형장이란 사람이다. 곱창집을 하다 이어서 치킨집을 차렸는데 장사가 잘됐다. 해당 브랜드의 프랜차이즈를 만들어 사업을 확장했지만 건강이 안 좋아져 가게를 매각했다.

매각 금액은 상당했다. 덕분에 큰 자산가가 되었는데, 사업을 정리한 후 상당한 공허감과 허탈감을 느꼈다. 그래서 그는 남는 시간에 유튜브판 골목식당 콘텐츠를 기획하기로 마음먹는다. 그동안의 경험을 살려 어려운 자영업자들을 도와주고 싶었던 것이다.

유튜브 채널 '장사의 신'은 인기를 끌었던 TV 프로그램 〈백종원의 골목식당〉에서 콘셉트를 빌려와 은형장만의 차별화된 모습을 담아냈다. 이후 해당 유튜브 채널은 급성장했다.

그는 장사라는 피라미드 안에서 경쟁만 하다가 누군가를 도와주는 일을 하기로 선택했다. 아예 판을 바꿔버린 것이다. 타인을 위한 사업 모델은 잘될 수밖에 없다. 누구든 자신에게 도움을 줄 사람을 찾는다. 시장이 형성되어 있는 공간이다. 이렇듯 나의 정체성을 살리면서 거기서 조금만 비틀면 타인과 전혀 다른 유일한 콘텐츠가 탄생한다.

나는 2017년부터 유튜브를 시작했지만 구독자 수가 빠르게 증가하지 않았다. 3년 동안 조금씩 늘었는데 노력에 비해서는 미비했다. 지금 생각해보면 내가 했던 노력이란 게 마음대로 콘텐츠를 만든 것이었다. 혼자 나와서 사람들에게 들려주고 싶은 주제를 생각날 때마다 편하게 이야기했다. 사람들이 관심 있는 주제가 아닌 내가 지금 관심 있는 주제에 대해서 이야기했다.

그러다가 유튜브 채널을 혼자 운영하는 게 버거워 PD 한 명과 편집자 한 명을 채용했다. 이후 영상은 PD가 질문을 하고 거기에 내가 답하는 방식으로 이루어졌는데 PD의 질문은 그동안 내가 이야기해왔던 내용들과는 많이 달랐다.

"렘군 님. 무주택자는 지금 집을 사야 하나요?"

사실 나는 무주택자가 아니었기 때문에 그 주제에 대해선 크게 관심이 없었다. 살 사람들은 사고 안 살 사람은 안 사면 되는 것이지 내가 왈가왈부할 문제가 아니라고 생각했다. 그래서 그런 주제를 나 혼자 할 때는 다루지 않았던 것이다. 하지만 PD는 구독자 입장에서 궁금해할 만한 질문만 했다. 사람들은 PD의 질문에 크게 공감하는 반응을 보였다. 그때부터 나는 구독자들의 입장에서 '나라면 어떤 선택을 할까' 고민하고 이야기했다. 결국 구독자들이 원하는 방향으로 주제를 살짝 비튼 것이다.

솔직히 노력으로만 따지면 과거 혼자서 할 때가 훨씬 더 열정적이었다. 무엇이든지 스스로 콘텐츠 기획하고 촬영하고 편집하느라 상당한 노력이 들어갔다. 반면 지금은 조금 더 수월하다. 묻는 질문에 정성껏 대답만 하면 되니까. 그런데 결과는 어떻게 됐을까?

이런 댓글이 달리기 시작했다. '어쩜 PD님은 제가 딱 물어보고 싶은 걸 물어봐주시네요.' 그때부터 구독자 수가 빠르게 증가하기 시작했다. 만약 온리원의 법칙을 미리 알았다면 혼자서 진행할 때부터 철저히 듣는 사람을 중심으로 영상을 만들었을 것이다. 그랬다면 지금보다 더 빨리 좋은 결과를 얻었을지도 모른다.

아웃풋을 하다 보면 나와 비슷한 정체성을 가진 사람을 셀 수 없을 만큼 많이 보게 된다. 나보다 한참 앞서가는 모습을 볼 때면 자극이 되기도 하지만 한편으로는 힘이 쭉 빠지기도 한다. 경쟁심, 질투심은 사람이라면 누구나 드는 감정이다. 이런 자신을 탓할 필요는 없다. 있는 그대로 받아들이자.

마음이 앞서더라도 그들과 정면으로 경쟁하려고 하지 마라. 이제 시작하는 단계라면 그들과 경쟁했을 때 승산이 없다. 차라리 당신만의 정체성을 더 진하게 풍겨라. 그들이 너무 유명해서 대중적인 이야기를 많이 할 때 당신은 더 뾰족한 주제로 이야기하라. 그들이 바빠서 고객을 잘 챙기지 못할 때 당신은 더 가까이에서 챙겨라. 그렇게 한 명 한 명을 내 사람으로 만들면 된다.

당신은 이미 존재만으로도 유일하다. 세상에 당신과 똑같은 인생을 살아온 사람은 없다. 당신의 스토리는 오직 당신만의 것이다.

지금 모습 그 자체로 이미 당신은 온리원이다.
그걸 모른 채 너무 멀리서 찾으려고 하지 마라.
본연의 당신을 사랑하라. 당신이 나아가는 방향을 고수하라.
온리원의 법칙을 적용해 조금만 비틀어도 충분하다.
무조건 세상에 없는 걸 해야 한다고 생각하지 마라.
사람들을 놀라게 할 필요도 없다.
아주 작은 변화만으로도 기회가 열릴 것이다.
오히려 욕심을 내려놓는 게

더 빨리 성공에 다가가는 길일 수도 있다.

이제부터 당신이 온리원이 되기 위한 비밀을 하나씩 풀어 놓을 것이다. 이 원칙을 당신의 삶에 적용하면 누구나 온리원이 될 수 있다. 지금 시작하는 사람이든 어느 정도 시작을 한 사람이든 말이다.

온리원의 법칙 1.
지금 하는 일의 '그다음'을 먼저 생각하라

지금까지 나보다 더 잘나가고 더 앞서가는 수많은 사람이 있었지만, 그럼에도 흔들리지 않을 수 있었던 이유는 딱 한 가지였다. 무슨 일을 하든 나는 그 일을 이미 잘하는 사람이라고 가정하고 시작했다. 이미 어떤 것을 잘하고 있으며, 그다음에는 무엇을 해야 할지 먼저 생각했던 것이다.

구체적으로 설명하면 이렇다. 어떤 프로젝트를 진행하든 나의 넥스트next 모습, 할 일, 정체성을 미리 설정했다. 1단계를 시작하기 전에 나의 1단계는 이미 완성되었다 치고, 그다음 2단계를 생각하는 식이다.

이렇게 하면 생각의 전환이 일어난다. 자연스럽게 1단계를

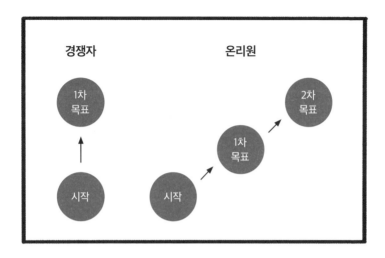

그림 5-1 온리원의 목표 설정법

수행하면서 만나게 되는 사람들을 나와 비교하지 않게 된다. 1단계에 있는 사람들의 목표는 1단계를 잘하는 것이다. 내가 만난 대부분이 그랬다. 하지만 나에게 1단계는 스쳐 지나가는 과정일 뿐이었고, 최종 목표가 아니었다. 그러니 1단계에 매달릴 필요가 없었다. 내 목표는 항상 2단계를 보고 있었다.

1단계의 끝판왕이 되려는 사람과 2단계로 빨리 진입하는 걸 목표로 둔 사람은 전혀 다른 경기를 하게 된다. 수영에서 1등을 하고 싶은 사람과 수영이 포함된 철인 3종 경기에 나가고 싶은 사람은 서로 경쟁 관계가 될 수 없는 것과 같다. 지향

하는 바도 다르고 목표도 다르기 때문에 경쟁자로 느껴지지 않는다. 이것이 첫 번째 온리원의 법칙이다.

보통 어떤 일을 하려 할 때 스스로가 너무 작게 느껴져 시작도 못하는 경우가 태반이다. 하면 할수록 나보다 잘하는 사람이 너무 많이 보여 제대로 시작하기도 전에 포기하곤 한다. 물론 내가 그 분야에 능통해진 다음, 그 일을 토대로 다른 영역으로 나아갈 수도 있다. 그러나 애초에 그 분야를 마스터하겠다는 목표가 없으면 조금은 수월해진다. 가벼운 마음으로 다음 단계를 생각하며 달려나갈 수 있다.

'이걸 잘하고 나면 그다음에 뭘 해야 할까?'
'A 분야를 잘해야 하지만, A가 궁극적인 목표는 아니다.'
'A 분야에서 최고가 될 필요는 없다.'
'A 분야에서 최고가 되려는 사람들과 전혀 다른 길을 가는 중이다.'
'지금 하는 일은 하나의 과정일 뿐이다.'

이런 생각을 계속하다 보면 목표가 다르니 경쟁 심리에 덜 빠지게 되고, 조급함도 점차 사라진다.

남들이 봤을 때 당신이 조금 이상하게 생각될 수도 있다. 괜찮다. 그게 당신을 보호하는 일이고, 더 좋은 아웃풋을 낼 수 있게 하는 태도다.

온리원의 법칙 2.
하나를 잘게 쪼개 새로운 일을 발견하라

아주 평범한 사람도 온리원이 될 수 있을까? 평범한 회사원
인데, 평범한 주부인데 온리원이 되는 것이 가능할까? 온리원
이 될 수 없는 사람은 없다. 지금 당신의 직업이 무엇인지, 특
별한 재능이 있는지 없는지도 중요하지 않다. 누구나 하루 종
일 무언가 하는 일은 다 있을 것이다.

내가 지금 하는 일을 생각해보라. 나와 비슷한 일을 하는 사
람은 주변에 많다. 나만 할 수 있는 특별한 직무는 거의 없다.
어디 그뿐인가. 의사나 변호사 같은 전문가를 비롯해 세상에
는 각자의 분야에서 뛰어난 능력을 발휘하는 사람들이 정말
많다. 이런 상황에서 별다른 일을 하는 것도 아닌 내가 온리원
이 될 수 있을까? 특별한 일을 하려면 퇴사를 하고, 뭔가 지금
과는 다른 일을 해야만 하지 않을까?

그렇지 않다. 내가 몸담은 영역에서 각도를 1도만 비틀어보
자. 현재 특정한 직업이 없더라도 아무런 문제가 되지 않는다.
사람들이 좋아하는 일은 너무나 많고, 그 일을 제일 잘할 수
있는 사람은 바로 당신이기 때문이다.

누구나 온리원이 될 수 있다. 멀리서 예시를 찾지 말고 우리
에게 익숙한 유튜브 시장에서 온리원이 되는 전략을 살펴보

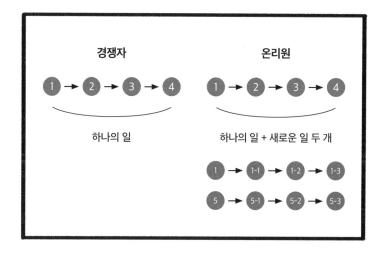

그림 5-2 온리원의 사고방식

자. 유튜브 시장과 관련된 전 과정을 잘게 쪼개 보는 것이다. 의외로 할 수 있는 일이 많다.

유튜브 시장의 예시: 유튜버 말고도 할 일은 많다

유튜브를 시작할까 말까 고민하는 사람들이 많다. 이들이 이렇게 망설이는 이유는 뭘까? 어떻게 시작해야 할지 너무 막막하기 때문이다. 이들에게 도움을 주는 것은 어렵지 않다. 유튜브 시작 길라잡이처럼 전반적인 궁금증을 해소시켜주는 것이다.

주제를 고민하는 사람들을 위해 주제 선정 컨설팅을 해줄 수도 있다. 촬영 장소가 고민인 사람들도 있다. 외부 촬영 장소를 찾는 사람들을 위해 촬영 장소를 정리해서 사이트에 제공하면 어떨까? 공간 플랫폼이 되는 것이다.

유튜브 촬영을 할 때 가장 고민되는 부분은 장비의 선택이다. 마이크, 조명, 카메라 등 하나하나가 고민이다. 조금은 전문가답고 최신 장비로 가득 찬 환경을 원하는 사람도 있다. 이들의 환경 설정을 돕는 일도 해볼 수 있다. 직접 못하면 잘하는 사람을 모아서 내가 홍보하고 연결해주는 역할을 할 수도 있다.

상당수의 인터뷰 전문 채널들은 주제에 맞는 적합한 사람을 섭외하고 데려오는 것이 고민이다. 이때 주제별 전문가 집단을 관리하는 곳이 있다면 연락하고 싶을 것이다. 이에 착안해 전문가 섭외 에이전시를 만들 수도 있다. 실제 대기업에서 강사를 섭외할 때 직접 연락하기보다는 이러한 에이전시를 활용하는 경우가 많다.

유튜브는 촬영 편집도 만만찮은 일이다. 외부에 맡기고 싶은데 어디에 맡기는 게 좋을지 검증이 어렵다. 배달의 민족처럼 고객 평점 관리가 되는 영상 편집자 플랫폼을 만들어볼 수도 있다.

영상을 최종적으로 업로드할 때 중요한 건 섬네일과 제목

직업	주 업무	잘게 쪼갠 업무
전문 유튜버	영상을 기획하고 제작해 유튜브에 올린다.	· 영상 제작 · 인플루언서 마케팅 · 영상 제작 교육 · 편집 강의 · 영상 기획 교육 · 섬네일 제작 및 카피 교육 · 촬영 장비 대여

그림 5-3 유튜브 업무의 세분화 예시

이다. 단순히 섬네일 제작에 포커스를 두는 방법도, 섬네일 문구에 특화한 서비스를 만드는 방법도 있다. 해당 분야에서 요즘 뜨고 있는 관심 키워드와 관련 영상들을 제공하여 신뢰도를 주는 것이다. 콘텐츠는 좋지만 유튜브 채널 성장이 더딘 사람들을 위해 교육 프로그램을 제공할 수도 있다. 의외로 수요가 많을 것이다.

다들 유튜브를 시작해 100만 구독자를 만들고 싶다는 생각만 하지 이렇게 다른 사람들을 돕는 방식으로 '나만의 일'을 할 수 있다는 생각은 하지 않는다.

미용 시장의 예시: 장사가 아닌 사업의 관점에서 보라

또 다른 예도 있다. 나는 항상 동네 미용실에서 머리를 자른다. 그러다가 한 유튜브 영상을 보고 관심이 생겨 그 채널을 운영하는 헤어 디자이너를 찾아간 적이 있다. 작업할 때의 진정성이 느껴져 한 번쯤 경험해보고 싶었다. 그는 유튜브에서 보던 대로 살갑게 대해줬고 실력도 좋았다. 15년 차 경력의 헤어 디자이너였는데, 몇 번 다니면서 조금 친해지게 됐다. 어느 날 나는 그에게 이런 질문을 했다.

"선생님처럼 머리를 잘 자르는 분은 어떤 고민이 있어요?"

그는 이렇게 대답했다.

"다 좋은 데 사람들이 많이 찾아오니까 몸이 힘들어요."

직업의 특성상 직접 몸을 움직여 일을 해야만 돈을 벌 수 있으니 그런 부분이 아쉽다는 얘기였다. 나는 이어서 그에게 물었다.

"지금 하는 일을 조금 더 잘게 나눠보면 시간을 극복할 수 있지 않을까요?"

그는 조금 의아해하는 눈빛이었다. 나는 말을 이었다.

"여기 미용실에 오면 제일 먼저 손님에게 어떤 스타일이 가장 어울릴지 고민하지 않으세요? 일반 미용실은 단순히 길이 정도 체크하고 자르는데 선생님은 여러 가지 스타일링에 대해서 조언하며 손님에게 맞춤으로 제안하잖아요. 오랜 경험에서 나오는 노하우인 거죠. 그 서비스를 따로 개발해 사업화할 수 있는데 그걸 안 하는 이유가 있나요?"

"안 그래도 손님들이 많이 물어보세요. 보통은 방문하기 전에 카카오톡으로 그 질문을 많이 해요. 그럼 저는 정면, 후면, 옆면 사진을 찍어 보내달라고 하고요. 그 사진을 보고 적절히 조언을 해주고 있어요. 그것도 일이더라고요. 조언만 받고 안 오는 손님도 많아요. 제가 조언한 스타일을 다른 곳에서 하는 경우도 있어요."

"단순 스타일링 제안만으로도 수요는 많을 거예요. 이미 경험하고 계시고요. 그걸 가장 잘할 수 있는 사람도 선생님입니다. 고객과 비슷한 나이대, 얼굴 형태, 직업군 등을 고려해서 잘된 케이스 사진을 데이터베이스화해두고 손님에게 제안한다면 나중에는 그 역할을 직접 안 하고 교육을 잘 받은 실장님이 할 수도 있지 않을까요? 그분은 코디네이터가 되는 것이고요. 성형외과도 다 그렇게 하지 않나요? 시간을 분리하면서 고객이 원하는 걸 제대로 제공할 수 있습니다. 공력은 적게 들이고 온전한 가치를 인정받을 수 있는 거죠. 스타일링 추천뿐만이 아닙니다. 지금 하는 일을 쪼개면 더 많은 가능성이 보일 거예요."

대화를 들어보면 어떤가? 충분히 가능한 일처럼 느껴진다. 내가 하는 일을 잘게 조각내면 다양한 고객이 떠오르게 되고 고객에 따라 맞춤 서비스가 나오게 된다. 헤어 스타일 컨설팅 외에도 확장해서 생각해볼 수 있다.

집에서 셀프 드라이를 하는 법만 제대로 알려줘도 된다. '긴 생머리 스타일 이렇게 하시면 혼자서도 멋지게 할 수 있습니다'라는 영상을 주로 올리는 유튜브 채널을 만드는 것이다. 헤어핀, 헤어 밴드, 머리끈 등 헤어 액세서리를 활용한 스타일링 전문 서비스를 만들어도 된다.

나아가 독자적으로 만든 액세서리를 판매하는 온라인 쇼핑몰을 오픈할 수도 있다. 내 영상을 보고 중국, 미국 등 전 세계에서 구매 요청이 들어올지도 모른다. 아직은 실력이 부족해서 누군가에게 더 배우고 싶은 신입 디자이너를 대상으로 교육을 할 수도 있다. 교육을 할 때도 전반적인 교육이 아닌 컷 전문, 염색 전문, 스타일링 전문, 드라이 전문, 메이크업용 헤어 세팅 전문 등으로 다양하게 세분화할 수 있다.

미용실을 이제 갓 오픈하려는 초보 사장을 타깃으로 잡을 수도 있다. 원장 입장에서 미리 알아두면 좋을 것들, 예를 들어 직원 관리는 어떻게 해야 하고, 매장 위치는 어떤 곳이 좋고, 고객관리는 어떻게 해야 하는지, 매장 광고는 어떤 식으로 하면 좋을지에 대한 노하우를 알려주는 일을 할 수도 있다. 미용실 폐업 및 이전 전문가는 또 어떤가? 미용실에 납품하는 용품 서비스업도 생각해볼 수 있다.

나 혼자 더 좋은 헤어 디자이너가 되고, 나 혼자 더 많은 손님을 데려오고, 나 혼자 더 많은 돈을 벌어야겠다고 생각하면

직업	주 업무	잘게 쪼갠 업무
헤어 디자이너	헤어 시술을 하고 관리를 해준다.	· 헤어 컷 서비스 · 헤어 스타일링 추천 · 셀프 스타일링 교육 · 미용실 운영/마케팅 방법 · 미용 교육 · 미용용품 납품 등

그림 5-4 미용 업무의 세분화 예시

의외로 돈이 안 된다. 남들과 똑같이 해서는 뻔한 경쟁을 해야 하고, 시간으로부터 자유로울 수 없다. 장사꾼이 아닌 사업가가 되어야 하는데, 기존에 하던 일은 장사일 뿐이다.

고객이든, 사장이든, 디자이너든 다양한 사람들에게 도움이 되는 지식을 가지고 있다면 아웃풋했을 때 전할 수 있는 가치는 무궁무진하다. 고객이 전 세계인이 될 수도 있다. 헤어 액세서리 하면 떠오르는 사람, 망해가는 미용실 살려주는 사람, 헤어 디자이너들의 선생님 등 여러 역할 중에서 하나만 잘해도 온리원이 될 수 있다.

절대 온리원이 되지 못하는 사람은 딱 한 부류다. 뛰어난 재능을 꽁꽁 숨긴 채 오직 자기만을 위해 쓰는 사람이다. 타인을 향하지 않을 때 온리원의 힘은 약해진다. 타인을 위해 희생하라는 소리가 절대 아니다. 내가 알고 있는 비법을 다 알려주라는 얘기도 아니다. 나의 재능을 타인의 니즈를 위해 사용하라는 얘기다.

하는 일을 잘게 쪼개면 의외로 할 수 있는 일이 많다.
이미 누군가 그 일을 하고 있더라도 너무 낙심하지 마라.
수요가 있다는 긍정적인 신호다.
누군가 하고 있다고 해서
내가 그 일을 하면 안 될 이유는 없다.

전국에 미용실이 10만 개가 넘지만 여전히 미용실을 여는 사람은 많다. 그 경쟁보다는 훨씬 덜할 것이다. 그리고 일의 형태가 온전히 시간과 맞바꾸는 형태가 아닐 수 있다. 또한 새로운 일을 조금 더 비틀면 다시 온리원이 될 수 있다.

회사원의 예시: 내 입장이 아닌 그들의 입장에서 생각하라

그렇다면 평범한 회사원은 어떨까? 분야는 달라도 회사에서 일하는 프로세스는 대부분 비슷비슷하다. 업무 기획을 하고, 보고를 한다. 일정이 수립되고 나면 일정 관리를 한다. 단계별 보고를 하는 것으로 일은 마무리된다.

여기서도 각 업무를 쪼개어 할 수 있는 일들을 생각해보자.

먼저 기획을 잘하고 싶어 하는 이들을 위해 '기획 잘하는 법' 등의 콘텐츠를 만들어볼 수 있다. 다양한 기획 관련 양식을 제공할 수도 있고, 기획 및 컨설팅 회사를 만들 수도 있다. 일정 관리를 잘하면 일정 관리 하나만으로도 노션 템플릿 등을 제공할 수 있다.

사람들과 협업이나 커뮤니케이션을 잘한다면 협업 툴을 만들거나 방법론을 제시할 수도 있고, 커뮤니케이션의 중요성을 전달하는 일을 해볼 수도 있다.

단 하나라도 도움을 줄 수 있는 무언가가 있으면 완전히 새로운 형태의 업무를 하는 것도 가능하다. 재무, 인사, 영업 같은 일들은 전문성이 있어 오히려 더 간단하다. 인사 분야에서는 회사 채용 기준, 면접 진행 시 질문, 신입사원 교육 매뉴얼, 복지 체계 등 회사를 운영하는 모든 사장들에게 도움을 줄 수도 있다. 재무, 영업 분야도 마찬가지다.

가정주부도 할 수 있는 일이 무궁무진하다. 정리를 잘한다면 정리정돈 전문가의 길을, 아이들과 대화를 잘한다면 육아 대화 전문가의 길을 생각해볼 수 있다. 육아 교육과 관련된 문제를 직접 해결하기 위해 앞장설 수도 있다. 육아 교육 플랫폼 '째깍악어' 같은 회사를 만드는 것이다. 아이를 데리고 여행 갈 만한 장소가 없다고 생각된다면 키즈풀 파티룸을 만들어 사업화할 수도 있다. 아이디어는 생각하기 나름이다.

내가 어떤 사람인지, 지금 무엇을 하는지는 중요하지 않다. 사람들이 무엇에 관심 있는지 아는 것이 중요하다. 그들의 입장에서 생각해보고, 그중에서 내가 할 수 있는 일은 무엇인지 아주 잘게 나눠보면 하나는 나올 것이다. 더 좋은 일이 있지 않을까 재지 말고 지금 할 수 있는 일부터 바로 시작하라.

온리원의 법칙 3.
키워드 하나에서 시작해 좁히고 비틀어라

키워드 하나에서 출발해 온리원이 되는 방법도 있다. 이는 내가 하는 일과 전혀 다른 일을 시작할 때 적용할 수 있다. '왜 꽃은 결혼식장이나 장례식장에서만 쓰이고 자신과 주변을 위한 선물로는 잘 쓰이지 않을까?'라는 생각에서 시작한 서비스가 바로 김승호 회장의 스노우폭스플라워 사업이다.

단순한 키워드 하나에서 출발했다. 그는 기존에 꽃과 관련된 사업을 하지도 않았고 평소에 꽃에 빠져 있던 사람도 아니다. 그저 수요가 있는 시장을 발견하고, 그런 서비스가 없으니 자신이 그 일을 시작한 것이었다.

2018년 베스트셀러 1위를 했던 《죽고 싶지만 떡볶이는 먹고 싶어》라는 책이 있다. 이 책은 우울이라는 키워드 하나에서 출발한다. 떡볶이에 대한 내용이 아니라 기분부전장애(가벼운 우울 증상이 지속되는 상태)를 겪고 있던 저자가 정신과전문의와 12주간 나눴던 대화가 담겨 있다.

감정이라는 큰 카테고리 안에서 우울이란 키워드 하나로 좁혔다. 일반적으로 심리치료 전문가나 학자들이 쓸 만한 키워드를 일반인이, 그것도 자신의 이야기를 쓴 것이다. 우울증에 대한 책은 종종 있었지만 전문의와의 대화 내용을 그대로 담은 책은 없었다. 독자들은 이 책만의 생생함에 공감하고 열

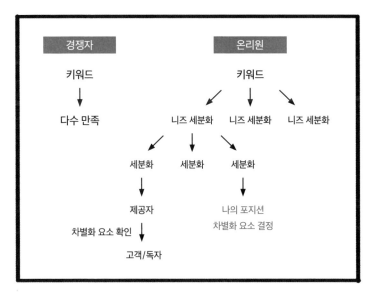

그림 5-5 온리원의 키워드 설정법

광했다. 키워드 하나에서 시작해 범위를 좁히고 비튼 것이다.

이런 식으로 하면 모든 사람이 저자가 되고, 온리원이 될 수 있다. 키워드 하나로도 누구나 큰 파장을 일으킬 수 있다.

다른 분야로도 생각의 폭을 넓힐 수 있다. 오랫동안 허리 통증으로 고생을 한 사람이 의사의 상담을 받는다. 그런데도 잘 낫지 않는다. 할 수 있는 모든 걸 다 해본다. 그 경험을 책으로 출간한다. 허리 통증으로 고생해본 사람이라면 모두 공감하지 않을까?

머리숱이 적어서 스트레스인 사람이 있다. 다양한 전문가들을 찾아다니며 안 해본 것이 없다. 머리를 안 빠지게 하는데 뭐가 효과적이었고, 뭐는 별로였는지 알려주고, 소개팅 실패 흑역사 등 웃기지만 슬픈 에피소드도 담는다. 얼마나 많은 사람의 공감을 받게 될까?

피부가 굉장히 예민해 피부 관리를 전문가 수준으로 잘하는 사람이 있다. 비싼 돈 들이지 않고 쉽게 할 수 있는 피부 관리법, 피부에 좋은 음식 정보 등을 담아 책을 펴낸다. 결과는 어떨까?

모든 책이 베스트셀러가 될 수는 없을 것이다. 하지만 가능성은 모두에게 열려 있다는 점을 기억하라. 키워드 하나로도 인생이 바뀔 수 있다. 누구나 공감할 만한 키워드 하나만 있으면 된다. 글쓰기 능력이나 다른 재능은 부수적인 것이다.

그렇다면 어떻게 사람들이 공감할 만한 키워드를 찾을 수 있을까? 잘 아는 분야, 인기 키워드만 찾으면 끝일까? 어떤 키워드를 어떻게 요리해야 온리원이 될 수 있을까? 지금부터 상세히 알아보자.

뾰족하게 시작해야 실패하지 않는다

며칠 전 회사 직원과 점심을 먹고 있는데 직원이 유튜브를 시작해보겠다고 말했다. 나는 좋은 생각이라고 대꾸하며 당장 시작하라고 했다. 몇 주가 지나 또 밥을 먹을 기회가 생겼다. 유튜브 프로젝트는 어떻게 되어가고 있는지 물었더니, 촬영은 한 번 했는데 앞으로 어떻게 할지 여러 가지로 고민이라고 했다.

직원은 운동에 관한 유튜브 채널을 만들려고 했다. 내 생각에는 정말 좋은 주제 같았다. 운동은 영원히 해결되지 않는 전 국민의 관심 주제이기에 다른 그 어떤 주제보다 괜찮다고 조언해줬다. 또 중간에 포기만 하지 않으면 무조건 대박이 날 것 같다고도 말해줬다.

그렇게 한 달이 지났다. 여전히 영상은 올라가지 않았다. 내가 도와줄 수 있는 부분이 없을까 고민하다가 잠깐 짬을 내어 연습장에 '운동'이라는 키워드를 가지고 생각을 펼쳐나가기 시작했다.

운동을 하는 사람들의 유형은 다양하다. 허리가 아프거나 건강이 좋지 못해서 몸을 정상으로 만들기 위해 운동을 하는 사람들이 있다. 몸의 증상도 몸의 내부가 안 좋은 경우와 몸의 외부가 안 좋은 경우로 나뉜다.

건강은 문제없지만 더 좋은 몸매를 만들기 위해 운동을 하는 사람도 있다. 반면 나이도 있고 몸매 따위는 관심은 없지만 오로지 건강을 위해 운동을 하는 사람도 있다. 운동의 관점보다는 스트레칭, 이완, 휴식의 개념으로 운동하는 사람도 있다. 이렇듯 운동을 주제로 정했어도 구독자에 대한 세부적 성향 파악이 필요하다.

또한 언제나 나의 입장이 아니라 듣는 사람의 입장을 먼저 생각해야 한다. 그 직원이 영상을 만들고도 업로드를 망설이는 이유는 구독자가 명확하지 않아 어떤 영상을 만들어야 할지, 어떤 콘셉트를 잡아야 할지 결정을 내리지 못했기 때문이었다.

이럴 땐 '운동'이라는 키워드를 가지고 다양한 수요층을 나눠봐야 한다. 범위를 좁히는 것이다. 나눌 수 있을 때까지 2단계, 3단계 계속 나눠도 된다. 그러고 나서 그 수요에 맞게 콘텐츠를 만들고 있는 유튜브 채널을 찾아본다. 이미 많은 사람이 하고 있을 것이다.

내가 앞으로 뭘 할지 고민할 시간에 남들은 어느 분야에서

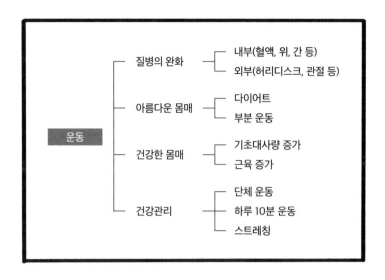

질병의 완화 ─── 내부(혈액, 위, 간 등)
               외부(허리디스크, 관절 등)

아름다운 몸매 ─── 다이어트
                 부분 운동

운동

건강한 몸매 ─── 기초대사량 증가
               근육 증가

건강관리 ─── 단체 운동
            하루 10분 운동
            스트레칭

그림 5-6 운동 키워드의 세분화

어떻게 하고 있는지 살펴보라. 무턱대고 전체 운동 채널에서 찾으면 안 된다. 앞에서 나눈 카테고리 영역에서 성공한 채널을 찾아야 한다. 어떤 구독자를 대상으로 차별화하고 있는지 확인하라.

채널이 상당수 존재한다면 일단 수요가 있다는 얘기다. 그들의 구독자가 많다면 그 분야의 수요는 매우 크다고 볼 수 있다. 내가 잘하는 것, 내가 하려고 하는 것을 고민하기보다 세상의 모습을 먼저 정의하고 그 틈새를 찾으면 역으로 수요를 확인할 수 있다. 그다음 나는 어떤 걸 더 잘할 수 있을지 생각해보면 된다.

수요가 많은 곳, 즉 레드오션에서 차별화 전략으로 승부를 볼 수도 있고, 수요가 적거나 아예 없는 블루오션에서 시작할 수도 있다. 중요한 건 모든 영역을 다 다루려는 욕심을 버려야 한다는 점이다. 지금 시작하는 입장이고 인지도도 없는데 다양한 사람들을 대상으로 영상을 만들려고 하면 실패할 수밖에 없다.

후발 주자일수록 뾰족하게 시작해야 한다. 대형 유튜브 채널들도 과거 영상을 살펴보면 처음에는 뾰족하게 시작한 후 영역을 조금씩 확대했다. 최근의 모습만을 보고 '나도 저렇게 해야지'라고 하면 절대 온리원이 될 수 없다.

새로운 일을 시작할 때는
카테고리를 최대한 나누고, 시장을 좁혀라.
이미 그 일을 하고 있는 사람들과
조금 다른 차별화 전략을 취하라.
그게 온리원이 되는 방법이다.

아주 좁은 영역에서 단 한 사람을 만족시킬 수 있다면 그 영역 안에서는 누구든 만족시킬 수 있다. 아직 시작한 지 얼마

되지 않았거나 유명하지 않아서 인지도가 낮은 것일 뿐이다. 포기하지 않고 지속하면 분명히 잘된다. 이후 유명해지면 그때 영역을 조금씩 더 확장해도 괜찮다.

세상에는 정말 많은 키워드가 있다. 매일 커피를 마시는가? 커피라는 키워드를 활용해 구체적으로 쪼개보라. 주말마다 와인 마시는 것을 좋아하는가? 와인이라는 키워드로 무엇을 할 수 있을지 생각해보라. 상상할 수 없을 만큼 많은 분야가 나올 것이다.

그리고 그 분야에서 이미 활동하는 사람들을 찾아보라. 해볼 만하겠다는 생각이 들면 하면 된다. 혹시 하고 있는 사람이 없다면 당신이 가장 먼저 뛰어들어도 된다.

온리원의 법칙 4.
'기브 앤드 테이크' 말고 기브, 기브, 기브 하라

'오는 게 있어야 가는 게 있다'는 말이 있다. 영어로는 기브 앤드 테이크give&take다. 소비자의 관점에서 보면 이 말은 항상 옳다. 내가 받은 물건이 없는데 돈을 건네는 경우는 거의 없다. 월급을 안 주는데 무보수로 일을 하는 경우도 거의 없다. 오는 게 있어야 가는 게 있는 법이다.

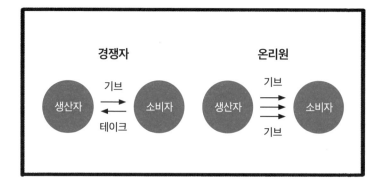

경쟁자   온리원

생산자   기브   소비자   생산자   기브   소비자
        테이크   기브

그림 5-7 생산자와 소비자의 관계

    소비자와 생산자의 관계가 아닌 동등한 입장에서 보면 상황은 약간 달라진다. 중고거래 플랫폼 당근마켓에서 중고 물품을 거래하려고 한다. 카메라를 하나 중고로 내놓았는데 돈부터 먼저 보내라고 하면 상대방은 겁나서 보낼 수 없을 것이다. 상대방이 카메라를 먼저 보내라고 하는 것도 불안하기는 마찬가지다. 확실한 보증이 있을 때만 거래가 일어난다.

    생산자의 관점에서 보면 어떨까? 소비자의 관점과 정반대의 현상이 일어난다. '이걸 제공해줄 테니 돈을 내세요'라고 얘기하면 모든 고객이 '네, 좋습니다'라고 할까? 대부분은 사양한다. '내가 왜 그래야 하죠? 광고 사양하겠습니다. 다른 데 알아보세요. 저는 바쁩니다'라며 전화를 끊어버릴 것이다. 애초에 기회조차 주지 않는다. '물건을 먼저 줄 테니 돈은 써보고 나중에 주세요'라고 말을 해도 선뜻 응할 사람은 없다. 내가 바라지도 않은 선의는 대부분 차단당한다. 이처럼 소비자가 아닌 생산자 영역에 선 사람들에게 '오는 게 있어야 가는 게 있다'는 말은 아무런 의미가 없다.

기브 앤드 테이크는 틀렸다

나는 뭔가를 시작하려는 사람들에게 항상 이런 말을 한다.

**다른 사람들과 차별화되고 싶다면
기브 앤드 테이크하지 말고
기브, 기브, 기브 그리고 또 기브를 하라.
그럼 비로소 테이크하게 될 것이다.**

평범한 생산자들은 가치를 제공하고 즉시 돈을 받으려고 한다. 그게 정당한 것은 맞다. 내가 치료를 해줬다면 그에 맞는 비용을 받아야 한다. 요청한 대로 이삿짐을 다 옮겨주고 나면 계좌로 돈을 받아야 한다. 가치와 돈의 교환은 정당하고 합리적이다.

하지만 누구나 그렇게 한다고 해서 정답은 아니다. 특히 이제 뭔가를 처음 시작하는 사람들이라면 그렇게 해서는 안 된다. 내가 준 만큼 보답을 바로 얻으려고 하기보다는 더 많은 것을 오랫동안 주어야 한다. 그래야 나중에 더 큰 보상을 받을 수 있다.

소비자 입장에서 나를 도와주려고 하는 사람에게는 관심이 가지만 뭔가를 팔려고 하는 사람에게는 거리감부터 느끼기 마련이다. 생산자의 영역에서 이제 시작하려는 사람에게는 이 사실이 조금 답답할 수도 있다. '시간과 노력을 쏟아 무언가를 제공하는데 아무런 돈도 받지 못한다면 이걸 왜 해야 하지?'라는 생각이 드는 것이다.

그렇게 고민하다 시작조차 하지 않는다. 시작을 하더라도 그에 준하는 걸 받지 못하면 이내 중지해버린다. 물건을 제공하는 일처럼 처음부터 큰돈이 들어간다면 돈을 아예 안 받을 수는 없을 것이다. 하지만 지식이나 재능처럼 돈이 들어가지 않는 경우라면 시간을 들여 얼마든지 무료로 제공할 수 있다.

모든 이가 '기브 앤드 테이크'를 하려고 한다. 그러다 보니 끊임없이 주려고 하는 사람이 오히려 돋보이게 된다. '기브 앤드 테이크'를 생각하는 사람이 너무 많기 때문에 몇 번의 '기브'만으로도 온리원이 된다. 지금의 이웃이 미래의 고객이 되는 것이다.

아깝다 생각하지 말고 내가 줄 수 있는 최대한의 것을 줘라. 처음부터 이렇게 줘버리면 어떡하나 걱정할 필요 없다. 그래도 나의 가치는 사라지지 않는다. 진짜 가치는 내가 가진 것이 아닌 나를 아는 사람의 수, 나를 신뢰하는 사람의 수에 의해 결정되기 때문이다.

주기만 해서 성공한 모델은 넘쳐난다

받지 않고 주기만 해서 성공한 모델은 주변에 너무나 많다. 우리가 휴대폰에서 이용하는 앱을 보자. 무료 앱들이 얼마나 많은가. 어떤 것은 유료 앱보다 더 좋은 기능을 가지고 있음에도 무료다. 정말 감사하다는 생각이 드는데 운영자는 무슨 생각으로 그러는 걸까?

과거 카카오톡이 처음 출시됐을 때 수익성에 대한 이야기가 많이 나왔다. 지금은 아무도 그런 질문을 하지 않는다. 카카오는 카카오톡 하나만 생각하지 않았던 것이다. 현재 카카오게임, 카카오T 등 셀 수 없이 많은 서비스가 이용되고 이 모든 서비스의 중심에는 카카오톡이 있다.

사람들이 많이 모이면 할 수 있는 일이 많아진다. 구글 드라이브나 드롭박스도 처음에는 무료였다. 조금 더 많은 용량을 쓰고 싶다면 그때 유료 서비스를 신청하면 된다. 이처럼 처음에 무료로 먼저 제공한 후 몸집을 키워 성장한 비즈니스는 셀 수 없이 많다.

그 반대의 경우도 있다. 무료로 제공하여 사용자는 좋아했지만 수익화 모델이 정착되지 않아 실패하는 서비스도 흔하다. 이 경우 개인과는 조금 다른 부분이 있다. 기업은 운영비가 많이 들어가기 때문에 신규 투자를 받지 못하거나 새로운 수익 모델을 찾지 못하면 서비스를 지속하지 못한다.

하지만 개인은 서비스를 무료로 제공하더라도 리스크가 상대적으로 적다. 제공하는 데 들어가는 리소스가 나의 시간과 노동력인 경우가 대부분이기 때문이다. 이때는 크게 잃을 게 없으니 기브 앤드 테이크라고 생각하지 말고, 미래를 위해 여러 가지 시도해봐도 괜찮다.

기업의 무료 정책을 개인이 확장하는 법

기업들만 무료 정책을 쓰는 건 아니다. 개인도 무료 정책을 쓸 수 있는데, 개인이라면 더 많이 줘야 한다. 이걸 무료로 받아도 되나 싶을 만큼 줘야 한다. 유료보다 더 가치 있는 걸 무료로 제공할 때 그 사람은 빛이 난다. 고객은 미안해하면서 또 감사해한다.

유튜브에서 특정 제품을 소개하는 영상을 떠올려보면 이해가 쉽다. 유튜버가 기업에 돈을 받고 만든 협찬 영상을 볼 때와 '내돈내산'으로 솔직하게 이야기할 때 당신은 어떤 영상에 더 마음이 움직이는가? 당연히 후자다. 유튜버가 자기 돈을 들여서 저렇게 제품을 잘 비교해서 알려주니 대단하고 고맙다는 생각이 저절로 든다. 당장의 돈보다 나중의 가치를 생각한 결과, 그 채널은 큰 채널로 성장하게 된다.

고객을 대상으로 작은 서비스를 할 때도 같은 원리다. 처음에는 무료로 사용하게 하고, 고급 기능을 사용할 때 유료 정책을 쓰면 된다. 특히 처음 뭔가를 시작한다면 무료 제공은 타인이 아닌 자신에게 더 큰 도움이 된다.

경험으로 얻은 노하우를 유료로 판매할 수도 있지만 무료 PDF를 만들어 배포할 수도 있다. 정말로 도움이 된다고 그 가치를 인정하는 사람들에게는 더 뾰족한 정보를 제공해줄 수도 있다.

내가 처음 블로그에 글을 썼을 때가 그랬다. 사람들의 댓글을 보고 오히려 응원받았다. 사람들이 뭘 모르고, 뭘 더 알고 싶어 하는지 힌트를 얻을 수 있었다. 그들이 궁금해하는 주제로 다음번 글을 썼을 때는 더 많은 사람이 내 글에 호응해줬다. 그들에게 무엇을 더 제공할 수 있을지 고민이 되는 시점에서 일대일 무료 상담을 진행했는데 덕분에 그들의 니즈를 더욱 명확하게 알게 되었다.

어찌 보면 이는 테스트 같은 것이다. 길거리에서 설문조사를 진행할 때도 요즘은 그냥 해달라고 하면 잘 안 해준다. 작은 사은품이라도 하나 줘야 겨우 해줄까 말까다. 돈을 주고 해야 할 테스트를 무료로 한 것이니 이렇게 감사한 일이 어디

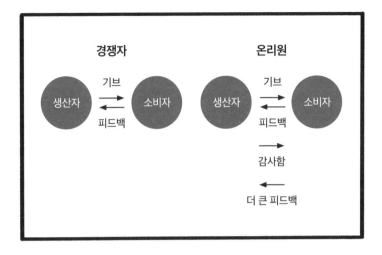

그림 5-8 기브의 선순환

있겠는가. 생각을 조금만 바꾸면 이전에는 보지 못했던 길이 보인다.

　유튜브를 처음 시작했을 때도 마찬가지였다. 나는 그전부터 부동산 강의를 해오고 있었는데, 내 유튜브 채널에서 강의 수준만큼의 정보를 내어줬다. 준비 시간은 만만치 않았지만 매주 라이브를 진행하면서 부자가 되는 법과 부동산 투자하는 법에 대한 이야기도 함께 전했다. 이제 유료 강의를 듣기보다는 스스로 공부하라고 유튜브 영상에서 말했지만 사람들은 오히려 내 강의를 더 많이 신청했다.

2018년 9월에 두 번째 책을 냈을 때도 그러했다. 앞으로 또 부동산 책을 쓰는 일은 없다는 생각으로 모든 노하우를 그 책에 전부 담았다. 책은 예상보다 더 잘 나갔다. 내 강의를 듣지 않아도 스스로 할 수 있는 방법을 모조리 썼는데 책을 읽은 독자들은 또 나를 찾아왔다. 그리고 더 많은 것을 요청했다. 점점 사람들과 나는 강하게 연결됐다.

새로운 사람들을 만날 때면 나는 앞으로 하려는 비즈니스에 대해 솔직하게 이야기하는 편이다. 그들이 경쟁자가 될 수도 있고, 내 아이디어를 가져다 먼저 시작할 수도 있다. 하지만 괘념치 않는 편이다. 왜냐하면 아이디어는 아이디어일 뿐 그것의 성공은 실행하는 사람에 달렸다는 걸 알기 때문이다. 또 실행했다고 해서 다 잘되는 법도 없다. 어떻게 해나가느냐가 중요한 것이다.

이렇게 모든 걸 오픈하다 보면 오히려 그들도 자신의 패를 보여준다. 그리고 서로의 장점을 공유하고 오히려 접점을 찾게 된다. 또 누군가는 나의 아이디어가 좋다며 응원을 보내기도 한다. 자신의 인맥을 동원해 도움을 줄 수 있는 사람을 연결해주기도 한다.

그러니 그게 무엇이든 일단 줘라.

계속 나누다 보면 새로운 기회가 열린다.

기회를 놓치지 말고

나만의 영역을 계속 확장해나가라.

온리원의 법칙 5. 당신의 기적을 노래하라

온리원이 되는 다섯 번째 방법은 기적을 노래하는 것이다. 이미 큰 성공을 이룬 사람은 기적을 노래하지 않아도 된다. 다른 사람들이 그들의 입을 통해 위인의 성공을 노래해주기 때문이다. 그 이야기가 입에서 입으로 전달되면서 더 많은 사람에게 퍼져나간다.

그렇다면 이제 막 시작한 사람은 어떻게 해야 할까? 누가 나 대신 기적을 노래해줄까? 아무도 내 기적 따위 관심이 없다. 그럼 나 혼자서라도 해야 한다. 타인이 나의 기적을 전파해주길 기다려서는 안 된다. 이런 사실을 처음 시작하는 사람들은 알지 못한다. 그들은 이렇게 이야기한다.

"저는 아직 기적이라고 할 만큼 뭘 이룬 게 없어요."

"이 정도 일은 누구나 하는데 자축하는 게 무슨 의미가 있나요."

"제 입으로 이야기하는 게 부끄러워요. 괜한 시샘을 받을 수도 있고요."

"이건 진짜 별것 아닌 일이에요."

나는 아직 뾰족한 정체성은 못 찾았지만 그럼에도 꼭 뭔가를 생산하는 사람이 되고 싶다는 사람들에게 일단 블로그부터 시작하라고 조언한다. 이상하게도 내 조언을 들은 사람들은 하나같이 이런 이야기를 한다.

"블로그를 시작했는데 이웃이 늘지 않아요. 이제 11명이에요. 어떻게 하면 이웃을 빨리 늘릴 수 있을까요?"

같은 일을 똑같이 권유했는데 전혀 다른 말을 하는 사람도 있다. 내가 만난 사람 중에 컴퓨터를 잘 못하는 평범한 50대 주부가 있었다. 나는 그녀에게도 블로그를 시작하라고 이야기했다. 그녀는 블로그를 만들긴 했는데 프로필을 어떻게 쓰는지, 타이틀 이미지는 어떻게 수정하는지도 몰라 어려워했다. 하지만 포기하지 않고 모르는 걸 검색해가며 힘겹게 따라 했다. 그리고 자신이 하고 싶은 이야기를 쓰기 시작했다. 구독자 수가 10명을 넘겼을 때 그녀는 너무나 행복해했다. 댓글 하나가 달렸을 때 너무 감사해하며 대댓글을 남겼다. 그리고 나에게 이야기했다.

"너무 신기해요. 이제 막 만든 아무것도 없는 블로그에 누군가 와서 내 이야기를 들어줬어요. 댓글도 그냥 감사합니다

수준의 댓글이 아니라 진짜 내 글을 다 읽고 진심 어린 장문의 댓글을 남겨줬어요. 이건 기적이에요."

그녀에게 나는 "기적이 맞아요. 기적을 혼자 삼키지 말고 글로 내뱉으세요. 기적을 노래하세요."라고 말했다. 그녀는 곧바로 새 글을 올렸다. 자신에게 일어난 기적에 대해서 너무 감사하다는 글을 적었다. 그랬더니 또 어떤 일이 벌어졌을까? 피드백 없이 '눈팅'만 하던 이웃 중 몇 명이 응원의 댓글을 남겼다. 기적에 화답한 것이다.

우리가 여기에서 깨달을 수 있는 건 뭘까? 블로그 이웃 수만 보면 성과는 비슷한데, 누구는 별일 아니라고 하고 누구는 기적이라고 한다. 그 마음에 따라 앞으로의 행보가 완전히 달라진다.

이제 시작한 단계가 아니라 더 큰 성장을 했을 때도 매일의 기적에 감사해야 한다. 어느 정도의 성취를 이루고 나면 나보다 앞서 나가는 사람들이 보인다. 그럼 자꾸 작아지고 내가 지금까지 이뤄낸 성과들이 보잘것없어 보인다.

하지만 전혀 그렇지 않다. 과거 부족했던 나의 실적을 생각하면 지금이 얼마나 대단한 것인지 모른다. 또한 내가 제공한 무언가로 누군가 도움을 받았다고 한다면 그 성과가 크든 작든 기적인 것이다.

세상에 별것 아닌 일은 없다

세상에 성공을 한 사람들은 많다. 하지만 그들 중 기적을 노래하는 사람이 있고, 그렇지 않은 사람이 있다. 똑같은 일을 가지고도 기적이라 말하는 사람은 아마도 더 큰 성공을 할 것이다. 사람들은 투정하는 사람보다 기적을 노래하는 사람을 더 응원하고 싶어 하기 때문이다.

작은 일에 감사할 줄 모르는 사람은 더 큰 성취를 이루더라도 그것을 감사히 생각하지 않는다. 처음에는 "별것 아니에요."라고 이야기하고 나중에는 당연한 거라고 여긴다. 자신이 노력했으니 당연한 결과라고 말이다. 그러나 혼자 잘나서 되는 일은 거의 없다. 사람들이 그것을 이용해주고, 들어주고, 좋다고 이야기해주었기 때문에 잘된 것이다.

앞서 이야기한 블로그 사례처럼 내가 누군가를 위해 정성스럽게 쓴 글에 답글이 달렸는데 그게 어떻게 별것 아닌 일인가? 이제 시작한 지 얼마 안 된 블로그를 누군가 발견한 것도 기적이고, 댓글까지 달아준 건 엄청난 기적이다. 그걸 기적이라고 생각하는 사람은 '앞으로 이 사람들을 위해 어떤 글을 올리면 좋을까?'를 항상 고민하며 진심을 다할 것이다. 안 봐도 뻔하지 않은가.

이게 별일 아니라고 생각한 사람은 처음에 품었던 열정을 잃고 이내 하던 일을 그만둔다. 또 돈 될 만한 일 어디 없을까

하며 새로운 것에 기웃거린다.

기적을 노래하면 사람들이 피드백을 준다. 내가 잘하고 있는지, 사람들에게 정말 도움을 주고 있는지 꾸준히 피드백을 해준다. 그 피드백을 통해 나의 정체성을 다시 한번 확인받게 되는 것이다.

피드백이 없으면 정체성은 만들어지지 않는다. 소중한 피드백을 얻기 위해서라도 당신은 기적을 노래해야 한다.

누군가는 그런 당신의 모습을 시샘할 수도 있다. '고작 이웃 10명 넘고, 댓글 한두 개 달렸다고 저 난리야?', '지금 이웃이 5,000명인 나도 한 번도 저런 글을 쓴 적이 없는데 오글거려 못 봐주겠네' 하는 시선으로 바라보는 사람이 꼭 있다. 그런데 그게 뭐 어떻단 말인가? 단언컨대 그런 사람은 자기의 생각을 삶에도 똑같이 적용할 것이다. 그래서 그 사람은 결코 작은 것에 감사하지 않고, 기적을 노래하지 않는다.

시간이 지나면 그들은 기적을 노래하는 사람이 훨씬 더 큰 성공을 이루는 모습을 목격하게 된다. 그럴수록 더 시샘하고 더 끌어내리려고 한다. 별것도 없으면서 사람들을 선동한다고 폄하한다. 수많은 글 중에 꼭 그런 글을 자신의 블로그에 남긴다. 주변에 '맞아요. 맞아요' 하며 그 생각에 동조하는 사람들이 모여든다. 그러면 그 사람의 주변은 시샘하는 사람들로 가득 차게 된다. 그 사실을 자신만 모른다. 나중에 이 사람이 뭔가를 시작하려고 하면 과연 누가 응원해줄까. 응원하는 척하는 사람은 있을 수 있겠지만 진심인 사람은 많지 않을 것이다.

- 기적을 노래하는 사람
- 기적을 노래하지 않는 사람
- 타인의 기적을 깎아내리려는 사람

당신은 이 셋 중 기적을 노래하는 사람이길 바란다. 나의 기적을 깎아내리는 사람의 말 따위는 신경 쓰지 않길 바란다. 종종 누군가 당신을 시샘해 비난할지도 모른다. 그러나 그것은 우리가 성공의 길로 들어섰기에 경험하는 일종의 통과의례 같은 것이다. 이런 경험을 처음 하게 되면 너무 놀라고 속상할 것이다. '이런 소리를 들으려고 노력한 건 아닌데' 하면서 지금까지 해왔던 모든 걸 다 포기하고 싶은 생각마저 들 수 있다.

절대 그러면 안 된다. 누군가 나를 시샘한다면 그건 당신이 잘하고 있다는 반증이다. 그길로 곧장 가면 된다. 기적을 노래하는 것은 자랑하거나 우쭐해하는 것과는 전혀 다르다. 칭찬의 대상은 내가 아니라 내 생각을 들어주는 사람들이다. 그들이 있어 너무 감사하다는 표현을 아끼지 말라. 그들이 제일 즐거워하며 당신에게 응원을 보낼 것이다.

온리원의 법칙 6. 생태계를 만들고 함께 가라

경쟁자는 보통 자신이 더 잘되기 위해 노력한다. 자신의 목표 달성을 위해 많은 것을 희생하며 달려간다. 그 노력에는 박수를 칠 수밖에 없다. 하지만 그들과 달라지려면 나는 '생태계'를 만드는 사람이 되어야 한다.

예를 들어, 2023년 NBA 역사상 통산 최다 득점자에 오른 르브론 제임스Lebron James를 보자. 그는 2003년부터 지금까지 NBA 최고 플레이어로 활약하는 현역 선수인데, 신체 조건이 월등히 뛰어나고 영리한 플레이를 한다. 하지만 또래의 NBA 선수와는 다른 결정적인 차이가 하나 있다. 바로 자신의 영향력을 활용한 사업으로 막대한 부를 쌓았다는 사실이다. 그는 다양한 사업과 투자를 통해 최소 10억 달러 이상의 자산을 쌓았는데 후배 양성을 위한 에이전시, 스포츠마케팅 등 영역을 넘나들며 성공을 거뒀다.

스포츠 분야에서 대단한 선수는 정말 많지만 자신의 회사를 만들어 성공에 이른 선수는 적다. 스포츠 관련 사업체를 운영하는 사람은 있지만 선수 생활도 잘하면서 회사까지 운영

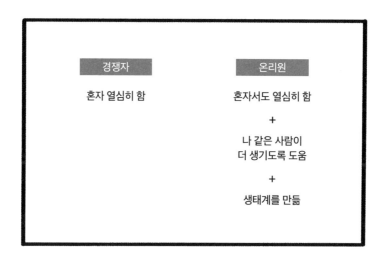

경쟁자	온리원
혼자 열심히 함	혼자서도 열심히 함 + 나 같은 사람이 더 생기도록 도움 + 생태계를 만듦

그림 5-9 온리원의 생태계

하는 사람은 더더욱 없다. 그래서 그가 더 특별한 것이다. 그는 수많은 경쟁자 사이에서 자기 혼자 잘되는 것을 넘어 산업의 생태계를 바꾸는 사람이 되었다. 그래서 오랜 시간 프로 농구 선수로서, 사업가로서 살아남은 것이다. 온리원의 법칙이 적용된 좋은 사례라 할 수 있다.

더 많은 사람이 성장할 수 있도록 울타리를 만드는 것도 좋은 선택이다. 요즘은 플랫폼이란 말을 많이 쓰는데, 잘하는 일을 플랫폼 형태로 발전시키면 더 특별해진다. 성형외과 의사가 자기 일을 하면서 성형외과 플랫폼을 만들면 기존 성형외과 의사와는 전혀 다른 온리원이 된다. 숙박업소 사장님이 개인 사업을 넘어 숙박업소 플랫폼을 만들면 온리원이 된다.

경쟁은 항상 있다. 그렇지만 경쟁자 수는 처음보다 확연히 줄어든다. 숙박업체 수가 많을까? 플랫폼 수가 많을까? 당연히 전자가 많다.

이렇게 온리원은 확실한 차별화를 이뤘을 때 더욱 빛난다. 숙박업체가 아닌 숙박업소 플랫폼이 되기를 선택했을 때 다른 사람들과 극적인 차별화가 생기는 것이다. 생태계에 속하기보다는 생태계를 만들어라. 그것이 수많은 경쟁자 속에서 유일해지는 방법이다.

온리원의 법칙 7.
MCBI 영역에서 두 개 이상의 점을 찍어라

온리원의 마지막 법칙은 MCBI 영역에서 두 개 이상의 점을 찍는 것이다. 이 법칙은 실행하는 데 난도가 있어 자신의 분야에서 어느 정도 성공을 이룬 사람에게 적합하다. 당신이 처음 시작하는 사람이라면 이 법칙을 과감히 생략해도 괜찮다.

점을 찍는다는 말은 두 개 이상의 주제를 잘 해내는 것을 뜻한다. 예를 들어, 메시지 영역에서 책을 쓴다고 해보자. 일반적

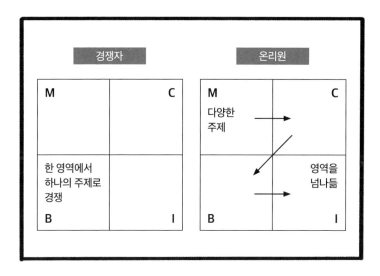

그림 5-10 MCBI와 온리원

으로 경제경영 분야의 저자들은 소설, 시, 자기계발 분야의 책을 잘 쓰지 않는다. 근데 간혹 두 개 이상의 테마로 글을 잘 쓰는 사람도 있다. 당연히 다른 이들과 차별화되고 특별해진다.

콘텐츠 분야도 마찬가지다. 가수 아이유는 노래도 잘하는 가수지만 연기로도 인정받고 있다. 콘텐츠 영역 안에서 주제가 조금 다른 두 가지를 두루 잘하는 것이다. 그것만으로도 그녀는 다른 가수와 차별화된다. 가수의 영역에서 최고를 향해 달려갈 수도 있지만 또 다른 도전을 해나가는 모습이 달라 보인다. 가수로 시작해서 작곡을 할 수도 있고, 연기로 시작해서

연극 제작자가 될 수도 있다.

사업도 마찬가지다. 의류 분야에서 성공한 사람이 음식 사업에서도 성공하면 특별해 보인다. 의류 회사를 운영하는 사람이 액세서리 회사를 차리면 결이 비슷해서 그다지 특별해 보이지 않는다. 그러나 서로 연관성이 적은 분야에서 둘 다 잘 해내면 특별해 보인다. 그렇다고 무턱대고 여러 가지 일을 벌이라는 뜻은 아니다. 하나도 제대로 못하는데 여러 개를 하는 건 무리다.

만약 새로운 분야에 도전하고 싶은 마음이 꿈틀댄다면 이전에 성공했던 경험을 바탕으로 무엇이든 시작해보는 게 좋다. 단, 이때는 초보자의 마음으로 도전해야 한다. '나는 이제 시작하는 사람이다'라는 마음가짐으로 기초부터 배워야 또다시 성공할 수 있다. 시간이 지나 두 영역을 모두 잘하게 될 때쯤 당신보다 유일한 사람은 세상에 없을 것이다.

지금까지 설명한 일곱 가지 온리원의 법칙을 짧게 요약하면 다음과 같다.

- 눈앞의 목표가 아닌 그다음 단계의 목표를 바라본다.
- 하는 일을 잘게 쪼개 새로운 일을 발견한다.
- 수요를 정확히 읽어내고 차별화 전략을 취한다.
- 남들이 기브 앤드 테이크로 만족할 때 나는 계속 기브한다.

- 경쟁자가 사람들의 피드백을 당연시할 때 나는 감사함을 노래한다.
- 혼자 잘되려고 하기보다 함께하는 생태계를 만든다.
- 분야를 넘고 영역을 파괴하면서 자유자재로 움직인다.

지금까지 설명한 온리원의 법칙을 당신의 새로운 일에 적용해보라. 법칙을 여러 개 적용하면 할수록 더 유일해질 것이다. 처음에 그 일이 너무 어려워 보인다고 시작을 망설이지 말라. 이미 남들이 하고 있다고 해서 경쟁을 무서워하지 말라. 온리원의 법칙을 적용해 얼마든지 당신이 원하는 방향으로 나아갈 수 있다. 다만, 처음부터 쉽게 가는 방법은 없음을 기억하라. 차근차근 당신만의 길을 만들어나가길 바란다.

⬭ SUMMARY ⬭

📁 1단계. 피라미드 밖으로 뛰쳐나가라
📁 2단계. 성공의 사분면을 찾아라
📁 3단계. 정체성을 발견하라
📁 4단계. 세상을 향해 아웃풋하라

📁 5단계. 넘버원이 아닌 온리원이 돼라

1. 넘버원이 아닌 온리원이 돼야 한다. 반드시 최고가 돼야 한다는 생각을 버려라.

2. 나의 정체성을 살리면서 조금만 비틀면 타인과 전혀 다른 온리원이 된다.

3. 경쟁하려 하지 마라. 차라리 정체성을 더 진하게 풍겨라. 온리원의 법칙을 즉각 적용하라.

4. 지금 하고 있는 일의 다음을 먼저 생각하라. 수영에서 1등을 하고 싶은 사람과 철인 3종 경기에 나가고 싶은 사람은 서로 경쟁 관계가 될 수 없다.

5. 내가 하고 있는 일을 아주 잘게 쪼개서 생각해보라. 새로운 비즈니스가 숨어 있다.

6. 키워드 하나에서 시작해 타깃을 세분화하고 이미 그 일을 하고 있는 사람을 찾아 벤치마킹하라.

7. 기브 앤드 테이크는 틀렸다. 고객의 지갑을 열려고 하지 말고 더 많은 것을 나누어주어라.

8. 작은 것에 감사하지 않는 사람은 큰 것도 감사해하지 않는다. 고객은 기적을 노래하는 사람이 더 잘되길 응원한다.

9. 혼자서만 열심히 하지 말고 나 같은 사람이 더 많이 생기도록 도와라. 생태계를 만드는 사람이 되어라.

10. MCBI 영역에서 한 분야에 안주하지 말고 두 개 이상의 분야에 도전하라. 경계선을 허물어라.

6단계. 저항을 완전히 무력화시켜라

6단계

저항을 완전히
무력화시켜라

스스로 높은 장벽을 세우지 마라.
완벽한 순간은 없다. 지금이 가장 완벽한 타이밍이다.

우리 삶에는 중력이 작용한다. 누구나 힘껏 뛰어도 1초 이내에 땅으로 다시 떨어지는 것처럼 눈에 보이지 않는 어떤 저항이 작용하는 것이다. 학교에 다니면서 이러한 '지구와 물체가 서로 당기는 힘'에 대해 배웠기에 우리는 일상 속 중력을 자연스럽게 받아들인다. 아무리 높게 뛰려고 해도 한계가 있다는 걸 인정하고 사는 것이다.

사실 인류가 '중력의 법칙'을 발견하기 전에도 중력은 지구에 계속 작용하고 있었다. 그런데 그 시절 사람들은 사과가 왜 나무에서 떨어지는지를 심각하게 생각하며 살지 않았을 것이다. 대부분 그냥 그런가 보다 하며 살았다. 원인을 몰라도 사는 데 큰 문제가 없으니 굳이 이유를 찾으려 하지 않았던 것이다.

무언가를 시작할 때도 같은 현상이 일어난다. 시작하고 나서도 작심삼일로 끝나는 경우를 많이 겪다 보니 도중에 그만두는 것을 자연스럽게 느낀다. 마치 중력처럼 '시작에 대한 저항'을 당연하게 여기는 것이다.

많은 책을 읽어 보면 시작조차 못하는 모든 원인은 당신 자신에게 있다고 한다. 게을러서, 끈기가 없어서, 1만 시간을 채우지 않아서, 절실함이 없어서 등 다양한 이유를 대는데 결론은 노력이 부족하니 열심히 하란 소리다. 뼈 때리는 말을 듣고 반성하며 열심히 살아야지 하면서 책을 덮는다. 하지만 시간이 흐르고 또 그대로다. 인생은 전혀 변하지 않는다.

시작에 대한 저항도 중력처럼 그냥 받아들이고 살아야 하는 것일까? 그러기엔 저항을 뚫고 성공한 사람들이 너무나 많다. 성공한 사람의 주변은 대부분 성공한 사람들로 가득하다. 반면 성공하지 못한 사람 주변에는 평범한 사람들로 가득 차 있다. 그들 간의 격차는 너무나 크다. 중력의 격차를 뛰어넘어 상상을 초월하는 수준이다.

저항의 실체와 원인을 모르면 삶이 힘들어진다. 누군가는 성공에도 복리 효과를 적용해 쭉쭉 치고 나가는데 나만 제자리걸음을 하고 있지는 않은가? 그렇다면 시작을 막는 저항에 대해서 깊이 생각해봐야 한다. 도대체 무엇이 우리를 그토록 가로막고 있는지 말이다. 그 실체를 알아야 저항을 극복할 수 있다.

과거의 나 역시 저항의 실체가 무엇인지 알지 못했다. 그래서 새로운 걸 시작할 때면 항상 저항이 찾아왔고, 이내 백기를 들었다. 그것의 반복이었다. 혹자는 그걸 작심삼일이라고 부르기도 했다. 나는 의욕만 넘치는 사람으로 머물렀다. 내가 목표 설정이 잘못돼서 그런 건지, 끈기가 부족해서 그런 건지, 뭐가 문제인지 모른 채 시간이 흘러갔다.

그러다가 아웃풋 법칙을 깨닫고 실천하다 보니 시작에 대한 저항을 거의 느끼지 못하는 순간이 왔다. 저항이 없는 건 아니다. '저항으로 느끼지 않는다'는 표현이 더 정확할 것이다. 중력이 존재하는 지구에 있다가 중력이 없는 대기권을 돌파한 기분이랄까? 나는 내가 뭘 잘해서 저항을 극복할 수 있었는지 그 이유도 모른 채 과거와 다르게 하고 싶은 일을 편하게 할 수 있었다.

사람들은 종종 나에게 비슷한 질문을 한다. "어떻게 이 많은 일을 다 할 수 있나요?", "마음먹은 것은 해내고 마는 비결이 있나요?" 같은 질문이다.

나는 뭐라고 답을 해줘야 할지 조금 막막했다. 그 이야기를 제대로 하려면 이번 단계에서 설명할 내용을 모두 전달해야 했기 때문이다.

당신이 쉽게 그만두는 이유

　수년 동안 시작하는 사람들을 위한 프로젝트를 진행하면서 정말 다양한 사람들을 만났다. 모두 지금과 다른 삶을 살기 위해 굳은 의지로 찾아온 이들이었지만, 그들 중 90퍼센트가 넘는 사람들이 저항을 극복하지 못했다. 그들은 어디에서 저항이 오는지도 모른 채 자신의 실력이 부족해서 안 된다는 생각에 사로잡혀 있었다.

　내가 "당신은 이러이러한 능력이 있네요. 이걸로 당신의 정체성을 더 뾰족하게 만들어갑시다."라고 이야기하면 사람들은 그러겠다고 해놓고 다음 주에 만나 내가 "한 주 동안 목표로 한 것은 좀 진행됐나요?"라고 물어보면 이런저런 이유를 대며 진행하지 못했다고 답했다.

　이런 경우를 너무 많이 봐왔기에 그들이 정체성을 찾았는데도 왜 다음 스텝으로 넘어가지 못하는지 참으로 궁금했다. 그래서 그 이유를 꼬치꼬치 캐물었다. 추궁하기 위함이 아니라 무엇이 그들을 가로막고 있는지 실체가 진심으로 궁금했기 때문이다. 정말 다양한 답변들이 돌아왔다.

"이번 주에는 회사 야근이 많았어요."
"이번 주에는 가족 행사가 있어서 시간이 부족했어요."

"이번 주에는 시댁 가족들과 여행을 다녀왔어요."

"유튜브 영상을 하나 찍으려고 했는데 어떤 카메라로 찍어야 할지, 편집은 뭐로 해야 할지, 주제를 뭐로 정해야 할지 고민이라 못했어요. 일단 영상 편집 강의부터 들어봐야 할 것 같아요."

"저는 블로그 글 하나 쓰는 것도 오래 걸려요. 게시판 이름을 바꾸고, 타이틀 이미지를 바꾸는 것도 엄두가 안 나요. 블로그 강의부터 들어야 할까 봐요."

"제가 좋아하는 주제가 두 개인데, 어떤 걸 해야 할지 아직도 고민이에요. 하나는 오프라인 가게 창업이고, 하나는 유튜브 콘텐츠 사업인데요. 아직도 결정을 못했어요."

"저는 정체성이 명확하지 않은 것 같아요. 지난 시간까지 정체성을 ○○○으로 하려고 했는데 아무리 생각해도 마음이 허락하지를 않아요. 제가 진짜 원하는 걸 모르겠어요."

"저는 좋아하는 일을 하면서 돈도 벌고 싶지만 이건 시간이 많이 걸릴 것 같아요. 지금은 재테크에 집중하는 게 어떨까 싶어요."

이유가 없는 사람은 아무도 없었다. 모두 종류는 다르지만 어떤 저항에 붙잡힌 것이다. 좋은 방향성과 아이디어가 있었는데도 그들은 저항을 이겨내지 못했다. 하기만 하면 잘될 텐데 왜 안 하는 걸까 생각하면서 그들을 움직이게 하려면 어떤 일이 선행되어야 하는지 고민하기 시작했다. 그들이 겪고 있는 저항은 어떤 것이며 원초적인 문제는 무엇인지 그리고 과거에 나는 이 부분을 어떻게 극복했는지 말이다.

저항의 실체는 크게 두 가지로 나뉜다. 하나는 외부에서 발생하는 저항이고, 다른 하나는 스스로 만들어내는 저항이다. 외부에서 발생하는 저항은 쉽게 해결할 수 있다. 스스로 만들어내는 저항은 결코 쉽지 않지만, 그렇다고 극복할 수 없는 것은 아니다.

저항의 실체 1. 외부에서 발생하는 저항

회사도 잘 다니고 자기 삶을 착실히 꾸려나가는 30대 직장인을 자식으로 둔 부모가 있다고 하자. 그런데 어느 날 언제나 자랑이었던 자식이 갑자기 전업 주식투자자가 되겠다고 한다. 부모 입장에서는 이 소식이 달갑게 들릴 리가 없다. 창업을 한다고 해도, 부동산 투자를 본격적으로 해보겠다고 해도 비슷하게 느껴질 것이다.

이 외에도 회사 때려치우고 유튜브를 한다고 하거나 세계여행을 한다고 하는 등 비일상적인 무언가를 시작한다고 하면 일단 부정적인 피드백이 먼저다. 그냥 하던 일이나 똑바로 하라고 한다. 무리하지 말고, 올인하지 말고, 주말에 시간을 내어 다시 생각해보라고 할 것이다.

이렇게 새로운 것에 도전해보려고 하면 찬성보다는 반대가 압도적으로 많다. 공부를 열심히 하는 것 외에는 대부분이 반대 의견이다. '주식 투자로 한국의 워런 버핏이 될 겁니다'라고 하면 10명 중의 9명은 웃을 것이다.

아주 작은 사업을 하나 시작하려 해도 같은 반응을 보인다. 그게 돈이나 되니? 하던 일이나 열심히 하는 게 낫지 않겠니? 사업이 애들 장난도 아니고 뭐 하는 거니 등등. 나와 가장 가까운 부모님, 형제, 친구들, 동료, 선생님들이 얼마나 많은 조언을 하는지 모른다. 자주 접하는 각종 미디어도 알게 모르게 영향을 많이 미친다.

아직 시작도 하지 않았다. 그저 생각만 얘기한 것뿐인데 지구가 멸망이라도 할 것처럼 주변에서 달려든다. 이보다 더 큰 저항이 있을까? 한번 해보겠다고 말을 했을 뿐인데 시작하기 전부터 반대가 극심하다. 새로운 일에 도전하는 나 자신도 살짝 불안한 상황인데 주변에서, 특히 나를 아끼는 사람들이 모두 똑같은 이야기를 하면 흔들리지 않을 사람은 없다. 경험이 없는 10대 때는 말할 것도 없고, 갓 성인이 된 사회 초년생의 경우에는 그 정도가 매우 심하다.

나도 그랬다. 별것 아니라고 쿨하게 넘길 수도 없는 것이 한 번 말하고 끝날 저항이 아니기 때문이다. 같이 밥 먹을 때마다 잔소리를 들을 것이다. 내가 만약 주식을 시작한 첫날 단 1퍼센트의 손실이라도 발생하면 주변에서는 이렇게 이야기할 것이다.

"거봐, 내가 안 된다고 했지? 내 말 안 듣더니 꼴좋다. 다시는 주식 얘기 꺼내지도 말아라."

이런 말을 듣고 마음 편할 사람은 아무도 없다.

말하지 않으면 저항받을 일도 없다

말만 꺼내도 온갖 저항이 당신을 가로막는다. 우리가 아는 커다란 성공을 거둔 사람들도 분명 처음 시작할 때는 극심한 저항에 부딪혔을 것이다. 그렇다면 그들은 어떻게 저항을 극복하고 자기 길을 꿋꿋하게 갈 수 있었을까?

방법은 둘 중 하나다. 첫 번째는 주변에 한마디도 말을 하지 않는 것이다. 무엇을 하려고 하는지 작은 성과가 나오기 전까지 절대 말하지 않는 것이다. 너무 유명해져서 다른 사람이나 미디어를 통해 알게 될 때까지 말이다. 바로 내가 썼던 방법이다.

부동산 투자를 제대로 해봐야지 결심을 하고 전국을 두 바퀴 이상 돌면서 아파트를 여러 채 매입할 때까지 나는 누구한테도 그 사실을 이야기하지 않았다. 얼마나 많은 반대가 있을지, 얼마나 많은 무시를 당할지 예상했기 때문이다. 결혼을 결심하고 처가에 처음 인사를 드리러 갔을 때도 장모님께 준비가 부족하여 허름한 복도식 작은 아파트에서 전세로 시작을 할 거라고 말씀드렸다. 당시 이미 여러 아파트에서 월세를 받고 있었는데 말이다.

주변의 저항을 뻔히 알면서 군이 시시콜콜하게 다 얘기하고 다니는 사람들이 있다. 자신이 꼭 이루고 싶은 목표를 주변인들에게 선포하기 위해 그러는 것일 수도 있다. 하지만 좀 더 자세히 마음속을 들여다보면 '확신이 없는 나'가 어딘가에 자리해 있다. 얘기를 하고 반대에 부딪히면 '내가 사랑하는 사람들이 저렇게 반대를 하니까 안 하는 게 맞겠다'라며 적절한 핑곗거리를 찾는 것이다.

그냥 하면 되지 타인에게 반드시 이야기할 필요는 없다. 부정적인 피드백을 받으면 그 일을 그만두는 것이 습관이 된 게 아닌지 생각해보자.

한 귀로 듣고 한 귀로 흘리기

성공한 사람들이 저항을 극복한 또 다른 방법은 주변 사람의 말을 주의 깊게 듣지 않는 것이다. 되도록 많은 사람의 조언을 받아야 하는 데 무슨 소리인가 싶을 수 있다. 그러나 지금 당장 내게 필요한 말을 해주는 사람은 매우 소수다. 나머지는 시작을 막는 소음일 뿐이다. 한 번 운을 띄워보고 내 의견에 대해 부정적 기색을 내비치면 깊게 이야기하지 않는 편이 낫다.

주변 사람의 마음은 대체로 유리벽이다. 당신이 주식 투자로 1년 만에 30억 원을 벌어들였다 해도 주식 시장이 흔들린다는 소식이 들리면 당신보다 10배로 걱정하고 불안해한다. 그리고 그 불안을 나에게 꼭 전달한다. 애초에 자초지종 말하지 않는 편이 낫다.

이런 방법에는 문제가 있다. 가끔 보는 사이면 말하지 않아도 괜찮은데, 배우자처럼 가까운 사이라면 그렇게 하기가 어렵기 때문이다. 이때 내가 목표로 하는 일을 실행에 옮길지 말지를 함께 토론하는 것은 별다른 의미가 없다. 그전에 내 마음부터 확정해야 한다. 당신의 미래는 무엇을 선택하느냐에 따라 달라진다.

1. 무언가를 시작한다.
2. 아무것도 하지 않는다.

먼저 아무것도 하지 않는 선택을 살펴보자. 이 경우 아무 일도 일어나지 않는다. 지금과 같은 삶, 아무 변화 없는 삶이 그대로 펼쳐진다. 반면 무언가를 시작하는 선택을 한다면 일단 변화가 일어난다. 그게 무엇이든 어떤 방법이든 수많은 가능성이 생긴다.

마음을 정했다면 이제 가까운 사람을 설득하는 일이 남았다. 바로 행동으로 보여줘야 한다. 천 마디 말보다 제대로 실행했을 때 상대방은 나의 진심을 본다. 열심히 노력하는 모습을 그에게 보여줘라. 하루 이틀로는 안 된다. 당신의 진심에 감동할 정도로, 이 정도 공부했다면 서울대에 갔겠다는 말이 절로 나올 정도로 집중해야 한다. 그러면 상대방도 불안한 마음이 줄어들 것이다. 진지하고 착실하게 잘 진행되고 있다는 믿음을 줘야 한다.

혹시 누군가에게 도움을 요청할 일이 있다면 상대방의 시간과 노력을 존중하는 태도가 필요하다. 무리하게 어떤 일을 같이 하자고 하거나 타인의 선의를 기대하는 태도는 버려라. 나는 조금만 노력하고 상대방에게 어려운 숙제를 던지는 꼴이다.

상대방은 불안해하는 사람임을 명심하라.
오히려 당신이 더 강심장을 가지고 있다.
인생을 바꾸기로 결심했다면
그들의 관심과 걱정은 감사하게 생각하되,
당신이 결심한 그 길을 묵묵히 가라.

'세이 예스' 그룹을 찾아라

한쪽 귀를 닫는 것보다 더 좋은 방법이 있다. 내가 도전하려고 하는 분야에서 이미 성공한 사람들을 찾아가는 것이다. 주변에는 온통 '안 돼'라고 이야기하는 사람이 대부분이다. 이들을 '세이 노Say No' 그룹이라 부르자. 실제 해보지도 않고 얘기하는 경우가 많은데, 주변에서 실패한 사람들의 이야기만 듣고 걱정을 하는 것이다.

때로는 걱정을 가장한 조롱을 하기도 한다. 말은 하지 않아도 '나도 못했는데, 네까짓 게 어떻게 하겠니?' 같은 생각을 가지고 있다. 설마 그렇게까지 생각할까 싶기도 하겠지만, 당신이 조금만 앞서 나가면 그런 말을 듣게 될 것이다.

이러한 세이 노 그룹과는 최대한 멀어져야 한다. 만나는 횟수를 줄이고 안 만날 수 있는 사람은 아예 만나지 마라. 전화를 하지도 받지도 마라. 외롭다는 생각으로 고민을 털어놓지도 마라. 그럼 저항만 받게 될 것이다.

대신에 '세이 예스Say Yes' 그룹을 찾아라. 무엇이든지 가능하다고 이야기해주는 사람을 내가 가진 모든 자원을 활용해 찾아야 한다. 가만히 있는데 그런 사람이 알아서 나타나지는 않는다. 여기에 시간과 돈을 아끼지 마라. 가장 가성비 있는 매체가 책이다. 그들의 시간을 뺏지 않아도 되니까 말이다.

그다음으로 좋은 매체가 인터넷 커뮤니티다. 네이버 카페,

'세이 노' 그룹	'세이 예스' 그룹
그건 위험해.	가능성 있어 보이는데?
너가 몰라서 그래.	해보니 별것 아니더라.
무리하지 말고 안전한 길로 가.	너도 해봐. 큰일 안 나.
네까짓 게 어떻게 그걸 하겠니?	이 좋은 걸 왜 이제 알았을까?

그림 6-1 세이 노 그룹 vs. 세이 예스 그룹

블로그 등에서 활동하다 보면 세이 예스 그룹을 만날 수 있는 기회가 많다. 혹은 유튜브 유료 커뮤니티를 활용해도 좋다. 매월 정기적으로 돈을 내지만 라이브 채팅, 구독자와의 만남, 각종 이벤트 등을 통해 세이 예스 그룹과 실시간 소통이 가능하다. 내가 하려는 분야의 일을 실제로 하는 사람과 소통을 하는 것만으로도 배울 점이 있다. 내가 가려는 길을 그는 이미 걸었기 때문이다.

세이 예스 그룹은 주변 지인들과 전혀 다른 말을 한다. 그들은 '위험해', '네가 몰라서 그래', '무리하지 말고 안전한 길로

가' 같은 말을 전혀 하지 않는다. 대신 '가능성이 있어 보이는데? 괜찮지 않아?', '해보니 별것 없더라. 꽤 괜찮던데?', '너도 해봐 큰일 안 나', '이 좋은 걸 왜 이제 알았을까? 시간을 되돌릴 수 있다면 너무 좋겠다'와 같이 이야기한다.

저항이 발생할 걸 뻔히 알면서 가장 친한 친구에게 상담을 요청하거나 가족의 조언을 듣는 실수를 범하지 않길 바란다. 그보다는 지금 그 일을 하고 있거나 작은 성과를 낸 무리 속으로 들어가야 한다. 그들은 당신의 도전을 매일 응원해줄 것이다.

저항의 실체 2. 스스로 만드는 저항

두 번째 저항의 실체는 스스로 만드는 저항이다. 마음의 벽이라고 볼 수 있는데 단순히 마인드 측면으로 접근하면 안 된다. 우리가 제자리뛰기를 높이 못 하는 이유는 체력이나 심리보다는 중력 때문이다. 올림픽에 출전하는 선수들은 그날의 상태에 따라 기록이 조금 다를 수도 있지만 인간의 한계는 중력에서 온다. 이는 과학적으로 밝혀진 내용이기에 아무도 반론할 수 없다.

우리가 새로운 일을 시작할 때 발생하는 저항도 마찬가지다. 심리적인 부분이 영향을 미치긴 하지만 그것보다 훨씬 더 중요한 것이 따로 있다. 그건 바로 뇌에서 보내는 신호다. 사람이 심리적으로 위축되는 이유는 뇌가 당신을 보호하기 위한 신호를 보내기 때문이다. 이를테면 뇌가 일으키는 중력이라 보면 된다. 특별히 게을러서도, 끈기가 없어서도 아니라 마치 중력처럼 모든 시작에는 저항이 일어나는 것이다.

우리 뇌에서는 어떤 일을 시작할 때 위험하다는 신호를 보낸다. 지금 그대로를 유지해도 안전하니 예측 불가능한 일은 하지 말라는 의미다. 이러한 뇌의 경고는 균형 있는 삶을 유지하는 데 도움이 될지 몰라도 새로운 도전을 하는 데는 방해가 된다.

그렇다면 이토록 어려운 상황에서 앞으로 우리는 어떤 선택을 해야 할까?

균형을 무너뜨리고 지배 시스템으로 넘어가라

스스로 만드는 저항의 범인은 바로 '나의 뇌'다. 15년 넘게 신경심리학 및 뇌 연구에 몰두해온 한스-게오르크 호이젤 Hans-Georg Hausel의 책 《뇌, 욕망의 비밀을 풀다》에는 이러한 내용이 잘 담겨 있다. 이 책에 따르면 뇌는 크게 세 가지 시스템을 가지고 있다. 균형 시스템, 자극 시스템, 지배 시스템이 그것이다.

- 균형 시스템: 안전과 평화를 지향하고 모든 위험과 불확실성을 피해 조화를 추구하게 하는 시스템
- 자극 시스템: 예상치 못한 보상과 새로움을 추구하게 하는 시스템
- 지배 시스템: 타인이 내 명령을 이행할 경우 자부심, 승리감, 우월감을 경험하게 하는 시스템

내일 당장 굶어 죽을 것 같은 상태가 아니라면 뇌는 지금 현재가 가장 최적의 상태라는 신호를 지속적으로 내보낸다. 평범한 사람들이 뇌로부터 가장 많이 받는 신호가 바로 균형 시스템으로부터 비롯됐다. 새로운 걸 발견하고 작은 변화를 시도해보려고 해도 자꾸 지금 그대로가 좋다고 말한다. '3개월 뒤 해외여행을 한 번 떠나볼까' 싶다가도 '나가면 다 돈이야. 그냥 주말에 가까운 곳 다녀오고 끝내'라고 말을 한다. 인정을 받고 싶다는 생각, 도전하고 싶다는 마음이 일기도 하지만 이내 우리 뇌의 균형 시스템에 사로잡혀 움직이지 못하고 마는 것이다.

균형 시스템에서 탈출하지 못하면 어떤 사람이라도 성공은 요원하다. 뇌가 보내는 신호를 곧이곧대로 믿으면 안 된다. 오히려 반대로 생각해야 한다. 뇌가 안정을 추구하는 신호를 보낼수록 '균형 시스템을 깨야겠구나' 하는 생각을 해야 한다.

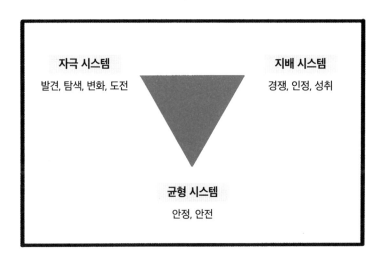

자극 시스템
발견, 탐색, 변화, 도전

지배 시스템
경쟁, 인정, 성취

균형 시스템
안정, 안전

그림 6-2 뇌의 세 가지 시스템

이게 쉽지는 않다. 그래서 그런 길을 간 사람들의 책을 지속적으로 읽는 것이다.

나는 책을 일종의 마취제라 생각하는데 뇌를 잠시 마비시키는 역할을 하기 때문이다. 완벽히 제거할 수는 없지만 책의 메시지에 귀를 기울이고, 그 말을 절대적으로 신뢰하면 균형 시스템이 어느 정도 마비가 된다. 그런 류의 책들만 계속 읽으면 그 기간을 오래 이어갈 수 있다. 좋은 책을 한 달에 한두 권 이상은 꼭 읽어야 하는 이유다.

책으로 부족한 부분은 세이 예스 그룹을 찾아가서 얻는다.

혼자서 생각하는 시간을 줄이고, 세이 예스 그룹이 하는 이야기를 더 많이 들어야 한다. 그러면 균형 시스템이 치고 들어올 틈이 없어진다.

이렇게 하면 균형 시스템에서 시작하여 자극 시스템으로 넘어가게 된다. 가보지 않은 곳, 해보지 않은 것에 관심을 가지게 된다. 그러면 강한 자극 시스템이 활성화될 것이다. 그때부터 뇌는 균형이 아닌 자극 시스템과 관련된 신호를 보낸다. 동시에 균형 신호도 함께 내보낸다.

두 개의 신호 중에서 무엇을 선택할지는 당신에게 달렸다. 당연히 의도적으로 자극을 선택해야 한다. 하지만 자극 시스템은 오래가지 않는다. 같은 일을 반복하는 것은 재미없는 일로 인식되어 뇌에서 그만두라는 신호를 강하게 내보내기 때문이다. 동시에 자신도 그 일이 재미없다고 믿어버리게 된다.

하지만 여기서 지배 시스템이 작동하면 이야기가 달라진다. 같은 일을 반복하더라도 기대치보다 큰 성과를 얻게 되면 다시 그 일은 재미있는 일로 변한다.

자극 시스템 단계를 지나 지배 시스템 단계로 넘어간 사람들을 찾아 그 무리로 가라. 그들은 균형을 무너뜨리고 자극 단계를 지나 지배 단계로 간 사람들이다. 책, 강연, 커뮤니티 등을 통해 그들의 이야기를 들으면서 뇌가 점차 지배 시스템 영역으로 넘어가도록 해야 한다. 그들처럼 성과를 만들어내야 한다. 인풋보다 아웃풋을 먼저 하고, 세상과 연결되면서 피드백을 받아나가야 한다.

주변에서 걱정을 많이 하고, 그냥 하던 걸 하라고 하는 사람들은 모두 균형 시스템이 발달된 사람들이다. 그들은 진짜 당신을 걱정해서가 아니라 자신의 뇌에서 보내는 신호를 그대로 당신에게 보내는 것뿐이다.

가뜩이나 힘든데 주변에서 계속 그런 신호를 받게 되면 당신은 균형 시스템에 잠식되어 결코 빠져나올 수 없다. 먼저 그런 무리로부터 멀어져라. 뇌가 보내는 신호를 무시하라. 스스로 보고 경험한 것만 믿어라.

내부의 저항을 극복하는 법

지금까지 저항의 실체 두 가지를 살펴봤다. 당신에게 안 된다고 하는 사람들을 멀리하거나 아예 말을 섞지 마라. 관계를 끊어버리라는 것은 아니다. 하고자 하는 일에 대해 말을 아끼라는 뜻이다. 이 부분은 어떻게 보면 참 간단하고 쉽다. 지금 당장 적용할 수도 있다. 말을 안 하면 아무도 모를 것이고, 아무도 하려는 일을 반대하지 않을 것이다. 외부 요인에 대한 깔끔한 솔루션이다.

문제는 내부 요인이다. 내부 요인에서 저항의 실체는 뇌에서 보내는 신호인데, 이건 피하기가 힘들다. 특정 시점에만 신호가 오는 것도 아니다. 그냥 멍때릴 때, 밥 먹을 때, 운동할 때, 데이트할 때, 새로운 일을 시작하려 할 때 등 모든 순간에 불현듯 찾아온다. 뇌에서 보내는 신호를 곧이곧대로 듣지 말라고 했지만 스스로 극복해내기가 무척 어렵다. 그래서 저항 극복의 핵심은 내부 요인에 있다고 할 수 있다.

도대체 어떻게 해야 뇌가 보내는 신호를 극복할 수 있을까? 뇌는 균형 시스템을 활성화하면서 끊임없이 우리를 괴롭힐 것이다. 이 신호를 차단하고 또 차단하기 위해 애써야 한다. 그럼에도 완벽하게 차단하기란 거의 불가능하다. 하지만 저항 무력화 법칙을 적용하면 한 걸음씩 앞으로 나아갈 수 있다. 이제부터 자세히 살펴보자.

저항 무력화의 법칙 1. 채우지 말고 비워라

내부에서 일어나는 저항을 무력화시키려면 뇌가 균형, 자극, 지배 중에서 균형을 제일 좋아한다는 사실을 기억해야 한다. 생존과 바로 직결되기 때문에 어쩔 수 없는 일이다. 뇌의 신호를 이겨내기보다는 뇌와 함께 공생한다고 여기면 모든 일이 훨씬 편해진다.

뇌를 한 명의 회사 직원이라고 생각해보자. 직원에게 여러 가지 일을 한 번에 주면 좋아할까? 하나도 잘하기 힘든데 당연히 싫어할 것이다. 정확히 어떤 일을 해야 할지 알려주지도 않고, 새로운 프로젝트를 기획하고 성과를 내라고 한다면 힘들어할 게 뻔하다. 이 직원 입장에서 큰 사건 사고를 일으키지 않는 게 중요할까? 자신의 성과가 중요할까? 기본적으로 전자가 충족되고 나서 후자를 원할 것이다.

뇌는 회사에서 일하고 급여를 받는 것처럼 생존에 문제가 없는 상태를 1순위로 생각한다. 2순위는 집에 와서 쉬는 것이다. 뇌도 아무 걱정 없이 편한 상태를 간절히 원한다. 저녁 식사 후에 TV나 넷플릭스를 보는 순간은 뇌에 위협적인 요소가 거의 없다. 피곤한 운전이나 힘든 업무를 하는 것도 아니고 그냥 눈만 뜨고 있으면 되니까 말이다. 뇌는 위험을 관리하지 않을 때를 가장 좋아한다.

그런데 실제 당신의 인생은 어떠한가? 일과 휴식 둘만 하고 있는가? 보통은 엄청 많은 일을 하고 있다. 운동, 건강 관리, 취미 생활, 술 약속, 가족 걱정 등 쉴 틈이 없다. 주말에 시간이 나면 나들이 가고, 맛집 찾는 데 에너지를 전부 쓴다.

그런 일들을 다 해내는 상태에서 또 새로운 프로젝트를 시작한다고 하면 뇌는 어떻게 반응할까? 이 책을 읽고 갑자기 '나도 생산자가 되어야겠어. 아웃풋을 해야겠어'라고 결심할 때 뇌는 어떻게 반응할까? '아무리 주인이라도 그렇지. 지금도 이것저것 많이 하는데 여기서 뭘 더 하라고?' 하며 농성을 벌일지도 모른다. 지극히 당연한 반응이다.

그럼에도 사람들은 실수를 반복한다. 여러 가지 일들을 다 해내고 있는 상태에서 또 무언가를 하겠다고 덤비는 것이다. 새로운 일을 시작할 때 큰 저항을 받는 이유는 기존에 하던 일을 그대로 하면서 '시간을 쪼개서' 하려고 하기 때문이다. 시간을 쪼갠다고 될 일이 아니다. 회사에서 10가지 업무를 맡고 있는데 시간을 쪼개서 두 가지를 더 하라고 하면 할 수 있겠는가?

제일 쉬운 방법이 있다. 기존에 하던 일 중에 우선순위가 낮은 아홉 가지를 덜어내고 핵심 업무 한 가지만을 남긴다. 그 상태에서 새로운 일 두 가지를 하는 것이다. 그렇게 하더라도 기존보다 일을 일곱 가지나 덜하게 된다.

시간을 정리정돈 하라

아웃풋을 하는 사람이 되려면 복잡한 일상을 단순하게 만들어야 한다. 나도 이 과정부터 시작했다. 빈 종이를 꺼내 회사 업무를 제외하고 그 외 모든 일을 적었다. 퇴근 후 마신 술 한잔, 친구들과의 생일 모임, 정기적인 가족 행사 등 사적인 일부터 프로그래밍 공부, IT 트렌드 공부 등 자기계발 활동까지 너무 하는 게 많았다.

가끔 한가한 날이 있다면 그때마저도 일부러 할 일을 만들 곤 했다. 뇌에 휴식다운 휴식을 준 적이 없었다. 그러니 뇌가 싫어하고 반항하는 것이다.

이 사실을 깨달은 뒤, 나는 회사 일을 제외하고 거의 모든 일을 리스트에서 지워버렸다. 일단 전화를 받지 않았다. 전화 도 잘 하지 않지만 말이다. 그럼 자연스럽게 전화가 끊긴다. 같이 놀자는 전화는 아예 안 오게 된다. 이벤트가 있는 날은 돈만 부쳤다. 오히려 더 좋아한다. 부모님 생신과 명절을 제외 하고는 되도록 본가에도 안 갔다.

불필요한 공부는 과감히 쳐냈다. 밖에 나가는 일을 웬만하 면 만들지 않았다. 그럼 어떻게 되는지 아는가? 정말 심심하 다. 남는 시간이 많아져 시간이 차고 넘친다. 요즘 '시간이 없 다 병'에 걸린 사람들이 많다. 새로운 일에 도전해보라고 하 면 한결같이 시간이 없다는 핑계를 대는데 이 방법을 써보길 권한다. 시간이 없다는 말이 결코 나오지 않을 것이다. 퇴근 후 집에 와서 저녁 먹고 나면 정말 세상이 조용하다. 주말 이 틀 동안에도 특별한 걸 하지 않으면 이틀이 마치 5일처럼 느 껴진다.

어떤 일을 할 때 시간을 정리정돈 하지 못하면 저항을 이겨 내기 어렵다. 공간 정리에서의 핵심은 불필요한 걸 다 버리고 시작하는 것이다. 시간 정리도 똑같다. 불필요한 일을 다 갖다

채운다	비운다
잠을 줄인다.	아무 곳도 가지 않는다.
자투리 시간을 만든다.	아무것도 하지 않는다.
효율적으로 시간을 쓴다.	아무도 만나지 않는다.

그림 6-3 채움과 비움의 진정한 의미

버리고 시작해야 한다.

쓸데없는 일은 아무것도 하지 마라. 그 일을 몇 년 안 한다고 큰일 나지 않는다. 내 시간을 온전히 확보해보라. 평생 그렇게 하라는 것도, 수도승처럼 살라는 것도 아니다. 꼭 필요한 일은 해야 한다. 하지만 불필요하다고 생각되는 건 과감하게 제거하라.

내가 원하는 모습의 1차 목표를 달성할 때까지는 그렇게 해야 한다. 최소 3년에서 5년이 걸릴 것이다. 원하는 결과를 얻고 나면 그때는 당신이 하고 싶은 것을 마음대로 해도 된다. 아마 그 상태가 되면 이제 좀 놀아도 된다고 해도 당신은 더 아웃풋만 하려고 할 테지만 말이다.

기존에 하던 일을 그만둬라

내가 만난 사람 중 대다수가 기존에 하던 일을 모두 그대로 하면서 새로운 일을 시작하려고 했다. 아웃풋 법칙을 알고도 자꾸 중간에 포기하게 되는 이유가 바로 이 때문이다. 시간을 혁신적으로 비우지 못하면 이후 내용은 읽어도 아무런 의미가 없다.

지금 하는 일이 너무 많다는 사실을 명심하라. 처음 시작할 때 기존의 일들을 다 하면서 새로운 걸 하려고 하면 우리의 뇌는 자꾸 그만하라는 신호를 보낼 것이다. 그것도 굉장히 강하게 말이다.

아무리 의지가 강해도 그 신호를 극복할 수 없다. 뇌는 계속해서 '새로운 시도는 한번 해봤으니 이제 그만두자', '인정받는 것도 그 정도 했으면 됐어', '이제 균형을 찾자'라고 할 것이다. 그러니 뇌를 안심시켜야 한다.

'나 아무것도 안 하니까 걱정하지 마. 편하게 있어' 하면서 뇌를 방심하게 만들어야 한다. 기존의 의미 없는 습관들을 제거하라. 그 일은 대부분 아웃풋이 아니라 인풋이며 인생에 크게 도움되지 않는 것들이다. 아무것도 안 하는 상태를 만들면 비로소 뇌는 당신에게 아무런 신호도 보내지 않게 된다. 저항을 사전에 무력화시켜버린 것이다.

누군가는 왜 이렇게 많은 것을 포기해야 하느냐고 묻는다.

이건 포기가 아니다. 그 일은 원래부터 도움이 안 되는 일들이었다. 더 멋진 일이 당신을 기다리고 있는데 도움이 안 되는 일을 왜 붙잡고 있는가.

쉽게 표현하면 안 입는 옷을 버리는 것과 같다. 입지도 않고 필요하지도 않은 옷은 버리는 게 맞다. 그 옷을 먼저 버려야 옷장에 사고 싶은 옷, 정말 멋진 옷들을 가득 채울 수 있다. 성공하고 나서 '전에 버렸던 옷 다시 주세요' 하는 사람은 아무도 없을 것이다.

당신이 성공하고 나서 과거 포기했던 일들을 다시 하라고 하면 과연 할까? 훨씬 재미난 일이 많은데 왜 해야 하느냐고 반문할 것이다.

중요하지 않은 일을 버려라.

시간을 확보하고 나면 새로운 걸 채우게 될 것이다.

그때까지만 조금 참아라.

확실히 비워질 때까지는 시간이 필요하다.

억지로 새로운 일을 채우려고 하지 마라.

그 시간을 즐겨라.

조금 있으면 해야 할 일은 차고 넘칠 테니 말이다.

저항 무력화의 법칙 2.
아웃풋 시간표를 만들어라

앞서 뇌에 충분한 휴식 시간을 확실히 주라고 얘기했다. 정리정돈에 비유하면 '정리'에 해당하는 내용이라 할 수 있겠다. 불필요한 물건을 버리는 것이 정리의 시작이듯, 시간을 갉아먹는 행위들을 구분하고 불필요한 일들은 덜어내는 것이 첫 단계다. 정리가 끝났으면 그다음 해야 할 일은 시간의 '정돈'이다.

정돈한다는 말은 물건을 사용하기 편한 위치에 배치한다는 뜻이다. 시간의 정돈도 이와 비슷하다. 새로운 일을 시작할 때 그 일을 어느 시간대에 할지 고정해두는 것이다. 어떤 날엔 월요일 저녁, 어떤 날엔 금요일 저녁, 어떤 날엔 수요일 새벽, 어떤 날엔 벼락치기로 하는 것은 시간 정돈이 전혀 안 되어 있는 것이다. 위험한 상황, 예측 불가한 상황을 싫어하는 뇌의 입장에서는 또 균형 신호를 보낼 수밖에 없다.

이러한 신호를 미리 차단시켜야 한다. '원래 그 시간에는 그 일을 하는 거야'라고 안심시켜주는 작업이 필요하다. 회사에 출근하는 것과 비슷하게 아웃풋하는 시간대를 확실히 정해주는 것이 가장 좋은 방법이다. 그렇다면 언제 아웃풋을 하는 게 가장 좋을까? 이에 대해 살펴보자.

패턴이 같은 시간표를 만들어라

이제 아웃풋 시간표를 만들어보자. 정해진 시간 같은 건 없다. 사람마다 사용할 수 있는, 혹은 효율이 높은 시간대가 모두 다르니 자신에게 맞는 시간대를 선택하면 된다.

새벽 시간, 오전, 오후, 저녁 이후 시간, 주말 등 내가 온전히 집중할 수 있는 시간대와 요일을 적어보자. 이때 시간대만 정하고 요일은 정해두지 않는 것이 제일 좋다. 그래야 매일매일 똑같은 패턴으로 움직일 수 있기 때문이다.

그게 어렵다고 하면 평일 또는 주말 중에서 택일하는 것도 방법이다. 평일은 푹 쉬고, 주말에만 생산활동에 몰두한다. 반대로 평일 새벽 시간만 활용하고 주말은 푹 쉴 수도 있다. 여기엔 정답이 없다. 패턴이 같은 시간표를 만들기만 하면 되는 것이다. 스스로 한번 만들어보자.

신체리듬을 고려해 시간을 선택하라

나는 평일 저녁 시간에 주로 아웃풋을 했다. 모두가 잠든 저녁 10시부터 시작해 새벽 1시까지가 온전히 내 시간이었다. 그때 블로그 글을 열심히 썼다. 주말에는 토요일만 생산 활동 시간으로 쓰고 일요일은 가족과 함께했다. 일요일에 문을 닫는 부동산이 많아 임장을 갈 수 없었기 때문이다.

회사의 대표가 된 지금은 시간표가 많이 달라졌다. 아무래

	평일 활용	주말 활용	
	평일	주말	
		토	일
새벽	○	○	○
오전		○	○
오후		○	○
저녁	○	○	○

그림 6-4 아웃풋 시간표

도 시간을 맘대로 쓸 수 있다 보니 유연성이 생긴 편이다. 지
금은 저녁 10시부터 새벽 5시까지 내가 하고 싶은 공부와 아
웃풋을 한다. 아침 11시 정도에 일어나 아침 겸 점심을 먹고
회사에 출근을 한 후 7시에 퇴근을 해서 저녁 먹고 다시 같은
일을 반복한다. 그리고 주말에는 가족과 시간을 보내는데 늦
은 밤에는 똑같이 저녁 10시부터 새벽 5시까지 하고 싶은 일
을 한다.

시간을 보면 알겠지만 나는 지독한 야행성이다. 대신 아침
에는 쥐약이다. 나는 단점을 극복하기보다 장점을 더 극대화

하는 방법을 선택했다. 저녁 10시 이후에는 전화도 오지 않고, 메일도 오지 않으며, 아이들과 아내도 잠든 시각이라 세상이 조용하다. 단 1초의 방해도 받지 않고 집중해서 다섯 시간 이상을 일할 수 있는 이 시간대가 아주 소중하다. 나의 뇌도 이 시간대에 가장 잘 돌아간다.

분명히 말하지만 이 부분은 사람마다 다르다. 자신에게 잘 맞는 시간대를 선택하면 된다. 절대 남을 따라 할 필요가 없다. 시간표를 만들 때는 자신의 신체리듬을 고려해야 효율적인 시간 운용을 할 수 있다.

단점을 극복하기보다 있는 그대로의 장점을 인정하는 것이 뇌에도 훨씬 낫다. 야행성인 인간이 갑자기 새벽 기상을 해야 한다면 뇌는 싫어할 것이다. 저녁잠이 많은 사람이 갑자기 저녁에 자기계발을 하려고 하면 뇌 입장에서는 힘겨울 수밖에 없다.

누구에게나 존재하는 신체리듬을 역행하려고 하지 마라. 신체리듬은 갑자기 노력한다고 달라지는 게 아니다. 노래를 못하는 사람이 갑자기 노래를 잘하게 되는 방법은 없다. 연습을 해도 한계가 있는 것이다. 새벽 기상도 마찬가지다. 아침에 머리가 상쾌한 사람이 있고 저녁에 머리가 쌩쌩하게 잘 돌아가는 사람이 있다. 뇌가 편안해하는 시간대를 선택해 그시간에 반드시 아웃풋하라.

하나를 정해 꾸준히 하라

시간을 정리정돈 했다면 이제 해야 할 일은 올바른 배치다. 앞으로 하고 싶은 일, 정체성에 맞는 일을 딱 한 가지만 결정하라. 절대 여러 개의 일을 다 하려고 하면 안 된다. 뇌를 안심시키려면 하나씩 해야 한다. 특히 처음 시작하는 사람이라면 더더욱 하나만 하라.

조금 천천히 가도 괜찮다. 여러 개를 동시에 하려고 하다가 중간에 포기하는 것보다 제대로 꾸준히 하는 게 낫다. 하나를 잘하고 나서 이후에 다른 걸 해도 늦지 않다.

처음에는 나도 한 가지 일만 했다. 바로 블로그 글쓰기였다. 솔직히 그것만 제대로 하는 것도 버거웠다. 그러다 점차 글쓰기가 일상이 되고 나니 쉬워졌다. 쉬워졌다기보다 '뇌의 저항'이 없어졌다는 표현이 더 정확할 것이다.

출근길 버스정류장에서 휴대폰으로 글을 썼고, 지하철을 타러 이동하는 중에도, 지옥철 같은 공간에서도 글을 썼다. 그렇게 메모장에 소재들을 적어두고 저녁에는 집에 가서 그 글을 완성시켰다. 계속 반복하다 보니 이동 중에 적은 메모를 저녁에 글로 정리하는 것이 너무나 당연한 일과가 되었다. 내 인생에서 글쓰기는 한 번도 생각해본 적이 없었는데 이제는 생각을 글로 표현하는 데 큰 어려움을 느끼지 않는다. 신기한 일이다.

이처럼 새로운 일을 시작했을 때는 그 일이 일상이 되도록 매일 반복해야 한다. 같은 시간대에 동일한 일을 하여 더 이상 뇌가 저항을 느끼지 않도록 하는 것이다. 이 패턴이 습관으로 정착하면 뇌의 저항이 사라진다. 그때부터 수월하게 또 다른 일을 시작할 수 있다.

저항 무력화의 법칙 3. 넘을 수 없는 벽 허물기

시간의 정리정돈을 끝냈다 해도 여전히 새로운 일이 시작되면 내부 저항이 발생하게 된다. 앞서 언급했듯 스스로 넘을 수 없는 벽을 만드는 경우인데, 이러한 저항은 다음과 같이 세 가지로 구분해볼 수 있다.

1. 대단한 목표와 어려운 계획을 세우고, 실행이 어려울 것 같아 벽을 느낀다.
2. 전문성을 갖추기 위한 시간과 노력에 대해 벽을 느낀다.
3. 나보다 더 잘하는 사람들을 보며 벽을 느낀다.

이 세 가지 벽이 당신을 시작하지 못하게 가로막는 원흉이다. 하나씩 이를 살펴보자.

원대한 목표의 벽: 목표 세우기의 함정

새로운 일을 시작할 때 우리는 목표부터 정하는 경향이 있다. 그리고 그 목표를 달성하기 위한 여러 계획들을 세운다. 사업을 할 때는 시장을 조사하고 사업계획서를 쓴다. 당연한 과정이라고 생각할지 모르지만 의외로 이렇게 계획만 짜다가 포기하는 경우가 많다.

유튜브도 똑같다. '올해는 유튜브를 한번 해봐야지'라고 계획을 세우지만 막상 하려고 하면 주제 선정, 영상 편집 등 모르는 게 한두 개가 아니다. 결국 미루고 미루다 못하는 경우가 많다.

이 모든 것은 스스로 벽을 만든 것이다. 달성이 힘든 목표를 만들고 지키기 어려운 계획을 세운 것이다. 처음부터 대단한 결과를 만들려고 하면 아무것도 할 수 없다. 목표는 내가 그 일에 어느 정도 익숙해지고 나서 세워야 한다. 이제 시작하는 사람은 목표를 세우면 안 된다. 내가 정해놓은 시간에는 이 일에 집중하겠다는 계획만 세워야 한다.

2020년 여름, 초등학교 2학년인 첫째 아이와 줄넘기 운동을 시작했다. 처음에 아이는 줄넘기에 익숙하지 않아 하기 싫어했다. 하지만 우리 부부는 매일 시간을 정해놓고 아이와 줄넘기를 하러 갔다. 줄넘기를 하는 것 그 자체에 목표를 두고 그냥 했다.

아이는 처음에 다섯 개도 제대로 못했다. 그러다가 10개를 넘겼고 30개, 50개를 넘겼다. 우리는 한 번에 뛰는 개수를 늘리기보다는 정해진 시간을 채우는 데 목표를 뒀다. 그러다 보니 어느 날인가 도합 개수 1,000개를 넘기게 되었다. 20개, 50개, 10개, 40개 이런 식으로 전체 숫자를 합쳤더니 1,000개가 나온 것이었다.

그때부터 시간을 정하기보다 도합 1,000개를 넘으면 그만하도록 했다. 그러자 아이는 한 번에 100개를 뛰기도 하고, 200개를 뛰기도 했다. 1,000개를 달성하는 데 드는 시간은 눈에 띄게 줄어들었고, 곧 아이는 줄넘기 1,000개 정도는 아무렇지 않게 하는 실력을 갖추게 되었다.

만약 처음 줄넘기를 시작했을 때 6개월 내에 1,000개 뛰는 걸 목표로 하자고 했거나 한 번에 뛰는 개수를 300개로 정했다면 시작하기 전부터 하기 싫었을 것이다. 언제 저 목표를 달성하지 하는 생각부터 들었을 것이다.

이처럼 처음에 새로운 일을 시작할 때는 과도한 목표를 세우지 않아야 한다. 목표는 내가 그것을 웬만큼 잘하게 됐을 때 세우는 것이다. 줄넘기를 한 번에 300개씩 하는 상태가 되면 목표를 한 번에 500개 내지 1,000개로 세워도 된다. 하지만 이제 줄넘기를 처음 하는데 커다란 목표를 세우면 하기 전부터 기운이 빠진다.

새로운 분야에 도전했을 때 그것을 잘하는 데 걸리는 시간은 최소 10년이라고 생각한다. 10년을 매진했는데도 못하면 적성에 맞지 않는 것이다. 이렇게 마음먹으면 부담이 없다. 그리고선 계획한 시간에 묵묵히 조금씩 해나간다. 포기하지 않고 하는 것만으로도 목표에 근접하고 있다.

어느 정도 성과가 나오면 그때부터 목표를 정확하게 세운다. 한 달 목표, 1년 목표 등을 세운다. 때로는 목표를 10배수로 크게 잡기도 한다.

하지만 시작할 때는 달라야 한다. 매일 하는 것만으로도 목표 달성이다. 한두 번 못하게 되더라도 포기하지 않고 다시 시작하는 것이 중요하다.

전문성의 벽: 인풋의 함정

어떤 일이든 누군가에게 지식과 정보를 제공할 수 있는 수준이 되려면 전문성을 갖춰야 한다. 틀린 말은 아니다. 하지만 그날이 언제 올지 모른다는 게 문제다. 예를 들어 주식 전문가가 되어야겠다 결심했다고 해보자. 수익 10억 원을 목표로 잡았다. 몇 개월 만에 그 수익을 달성했다. 그럼 전문가가 된 것일까? 100억 원 넘게 번 사람이 수두룩할 것이다. 부동산도 마찬가지다. 사업도 마찬가지다. 유튜브 구독자 수도 마찬가지다.

많은 사람이 전문성을 갖추겠다는 이유로 계속 인풋만을 하려고 한다. 그들은 끝없는 지식의 홍수 속에서 헤어나오지 못한다. 아니, 나올 생각이 없어 보인다. 아웃풋을 하라고 하는데 계속 인풋을 하겠다고 한다. 왜 그러냐고 물으면 본인은 아직 자신이 없으며, 전문성도 없어서 공부가 더 필요하다고 한다. 공부하지 말라는 얘기가 아니다. 공부는 당연히 해야 한다. 대신 아웃풋을 먼저 하고 그다음에 인풋을 하라.

언제나 아웃풋이 먼저다.
티끌만큼 공부를 했다면 그걸로 아웃풋하라.
그 지식을 필요한 사람들에게 무료로 제공하라.
그럼 피드백을 받게 된다.

끝이 보이지 않는 인풋을 하는 것보다 작게 아웃풋하고 받는 피드백이 훨씬 당신에게 도움이 된다. 오늘 블로그에 글을 쓰면 적어도 내일 안에 댓글이 달린다.

아는 게 너무 부족해서 글을 쓰는 게 부담스럽다는 사람도 있다. 꼭 대단한 지식을 적어야 하는 건 아니다. 오늘 일상을 적어도 된다. 오히려 그게 더 좋은 글이다. 쥐뿔도 없는데 아는 척하는 글을 쓰는 것보다 오늘 본 것, 한 일, 느낀 점을 적은 글이 더 좋다. 세상에 하나뿐인 유일한 글이 될 것이다. 내가 지하철에서 길을 걸으며 글을 썼던 것처럼 글쓰기 습관을 먼저 들이는 게 우선이다. 다시 말해 뇌에게 이 시간에 나는 글을 쓴다고 눈도장을 받는 것이다.

내 지인 한 명은 지금 엄청난 파워 블로거인데 첫 시작은 초라하기 그지없었다. 그는 처음에 쓸 게 너무 없어서 다섯 줄 일기를 썼다. 자녀와 있었던 일, 오늘 한 일을 간단히 몇 줄 적고 끝맺음을 했다. 대신 스스로에게 약속했다. 최소 100일 동안은 그 일을 하겠다고 말이다. 다른 내용을 쓸 법도 한데 이 사람은 다섯 줄짜리 일기만을 계속 썼다. 20일 정도 지속했을 때 놀라운 일이 벌어졌다. 누군가 그 일기를 퍼가기(자신의 블로그로 가져가기) 시작한 것이다. 그리고 '좋아요'도 조금씩 생겼다.

그는 점점 자신감이 붙었다. '아니 이런 글을 퍼간다고? 그럼 그들에게 도움이 되는 글을 쓰면 사람들이 더 좋아해줄 수도 있겠다' 확신이 생긴 그는 100일 목표를 달성하고 이후 평소 관심 있었던 주제로 글을 열심히 썼다.

그의 블로그는 네이버 프리미엄 콘텐츠 세금 분야에서 1등을 하며 점점 커졌다. 그 블로그의 운영자는 바로 부동산 세금 전문가 '제네시스박'이다. 나는 그가 성공에 이르는 과정을 곁에서 생생하게 목격했다. 이 모든 시작에는 별것 아닌 다섯 줄 일기가 있었다.

완벽한 순간 같은 것은 오지 않는다.

아는 것이 부족해서, 더 공부해야 해서 같은 이유로

넘을 수 없는 벽을 세우지 마라.

벽을 세우면 저항이 생기고 결국은 포기하게 된다.

중요한 것은 얼마나 전문성을 갖추었느냐가 아니라

얼마나 아웃풋을 잘하느냐다.

대단한 사람들의 벽: 우상화의 함정

초보 시절에는 아무래도 자신보다 앞서 나가는 사람들이 많이 보인다. 그때는 그들이 대단하게 느껴진다. 그러다 내가 조금 더 성장하면 나보다 잘하는 사람이 더 많이 보이게 된다. 지식이 쌓이면 쌓일수록 점차 겸손해지고 고개를 숙이게 된다. '나는 정말 아무것도 아니었구나' 생각하면서 말수가 적어진다. 더 큰 목표를 세우고 '나도 빨리 저들처럼 되어야지'라고 생각한다.

맞는 말 같은가? 아니다. 이건 모두 잘못된 생각이다. 그건 오직 당신 혼자 잘되겠다는 이야기인데, 그렇게 해서는 성공하기 어렵다. 여러 번 말하지만 목표의 방향은 내가 아니라 '타인'이어야 한다. 다른 사람들을 더 잘 돕기 위해서 내가 성장하는 것이지 내가 성장한 다음 누군가를 돕겠다고 하는 것은 앞뒤가 안 맞는 이야기다.

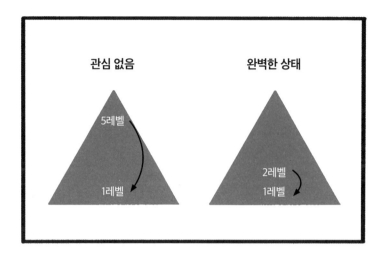

그림 6-5 우상화의 함정

나보다 더 잘하는 사람을 보고 '내가 더 열심히 해야겠다'고 생각하는 것은 누군가를 돕는 일을 등한시하겠다는 의미다. 그럴수록 더 반대로 해야 한다. 내 도움을 기다리고 있는 누군가를 직접 찾아가 도움을 줘야 한다.

그림 6-5를 보자. 누군가를 도와줘야 할 때 꼭 5레벨까지 가야 하는 걸까? 아니다. 누군가를 도와주는 데 상대방보다 한참 앞서 나가야 할 이유는 없다. 오히려 저 멀리 간 사람은 너무 오래전 일이라 초보 때의 기억이 잘 나지 않는다. 너무 바빠서 알려줄 시간도 없다. 비용 단가가 안 맞아서 그런 일을

하지도 않는다. 하더라도 그다지 친절하지도 않다.

한 걸음 뒤의 사람에게 길을 가장 잘 가르쳐줄 수 있는 사람은 방금 전에 한 걸음 먼저 간 사람이다. 당신이 1레벨에서 이제 2레벨이 되었다면 누군가를 도와줄 완벽한 상태인 것이다. 시간이 지나면 저절로 3레벨로 가는 날이 온다. 1레벨을 도와주면서도 얼마든지 3레벨로 갈 수 있다. 생각의 벽을 깨부수길 바란다.

나 또한 지금까지 완성되지 않은 상태로 아웃풋을 해왔다. 이 과정이 오히려 나를 성장시켰다. 부동산 투자를 고작 1년 하고 나서 부동산 소설을 쓰고 앱을 출시했다. 그다음 해에는 블로그에 내 모든 부동산 관련 지식을 아웃풋했다. 반응은 폭발적이었다. 이를 바탕으로 전국을 돌며 강의를 했고, 이후 부동산 분야 유례없는 10만 부 베스트셀러를 만들어냈다.

이 정도로 나는 멈추지 않았다. 유튜브 운영에서부터 1인 기업까지 영역을 넘나들며 끊임없이 확장해나갔다. 내 행보는 다양한 매체를 통해 생중계되었으며 이를 응원하는 사람 수도 많아졌다.

'시작 캠퍼스' 프로젝트를 시작했을 때도 대단한 기업가도 아닌데 누군가의 인생을 도와줄 수 있을까 하는 생각을 1초 정도 했다. 곧바로 생각을 고쳐먹었다. 대단한 기업가들은 절대 시간을 내어 이제 시작하려는 사람을 돕지 않을 것이다. 책을 쓰더라도 자전적 이야기를 쓰려고 하지, '아웃풋 법칙'에 대한 내용은 쓰지 않을 터였다. 하지만 누군가는 이런 방법론을 간절히 원하고 있을 것이고, 내가 바로 그걸 알려줄 수 있는 사람이었다.

이처럼 스스로 높은 장벽만 세우지 않는다면 누구나 모두에게 도움을 줄 수 있다. 지금 당신은 사람들에게 무언가를 알려줄 수 있는 가장 최적의 사람이다. 이 세상에 완벽한 순간이란 없고, 지금이 당신의 가장 완벽한 타이밍이다. 그 시기를 결코 미루지 마라.

저항 무력화의 법칙 4.
스스로를 1퍼센트도 의심하지 말 것

이미 수차례 성공 경험을 한 사람들은 자기 자신을 굳게 믿는다. 그들은 스스로에게 1퍼센트의 의심도 하지 않는다. 최선을 다하기만 한다면 원하는 것을 얻을 수 있다고 믿는다. 반대로 성공 경험이 없는 사람은 끊임없이 자신을 의심한다. 우리의 뇌는 의심이 만든 1퍼센트의 틈새를 비집고 들어와 당장 멈추라고, 그건 위험하다고 소리친다.

누군가는 이렇게 말할 것이다. "아니, 성공해본 경험이 없는데 어떻게 100퍼센트 확신을 갖고 자신을 믿을 수 있어요?"

맞다. 맞는 이야기다. 성공 경험이 없으면 자신을 100퍼센트 믿기 어렵다. 그럼 반대로 생각해보자. 지금 성공한 사람도 처음에는 성공 경험이 없었을 것 아닌가? 그런데 그들은 어떻게 극복할 수 있었을까?

결국 닭이 먼저냐, 달걀이 먼저냐의 싸움인데, 성공하기 전에 자신을 일단 믿는 것이 저항 무력화의 핵심이다. 먼저 믿어주고 성공 경험을 가져야 한다. 그래야 그 경험을 통해 더 자신을 믿게 되는 선순환이 이루어진다. 한 번의 성공 경험은 이토록 중요하다.

하지만 성공 경험을 날 때부터 가지고 태어나는 사람은 없다. 그렇다면 어떻게 아무것도 없는 상태에서 나에 대한 믿음을 가질 수 있을까? 마지막 저항 무력화의 법칙에 그 답이 있다.

자기 믿음과 '자뻑'의 차이

주변을 둘러보면 소위 '잘난 맛'에 사는 사람들을 많이 보게 된다. 이들은 제대로 한 것도 없으면서 자신감만 강하다. 다시 말해 실속이 없다. 진정한 자기 믿음과 이러한 자신감을 헷갈리면 안 된다. 자기 믿음은 '자신'을 믿는 것이 아니다. '자신의 노력'을 믿는 것이다. 나의 노력이 좋은 결과를 가져오리라는 믿음이 곧 자기 믿음이다.

새로운 일을 시작하게 되면 주변 사람은 당신을 불안한 눈빛으로 바라볼 것이다. 그럴수록 자기 자신의 노력을 믿어야 한다. 아무도 믿어주지 않더라도 말이다. 자신마저 안 믿어준다면 누가 나를 믿어주겠는가? 나의 뇌를 속일 수준으로 온전히 믿어야 한다.

그 결과 좋은 결실을 맺으면 어느 정도 노력을 해야 이러한 성과를 이룰 수 있는지 정확히 파악하게 된다. 그러면 다음 번에는 그 이상의 노력을 한다. 하나의 명확한 기준이 생기는 것이다. 그게 반복되면 자기 믿음이 커지게 된다.

무엇보다 노력을 믿는다

가끔은 믿음을 외부, 즉 시장 상황이나 전망에서 찾는 경우가 있는데 이 부분도 조심해야 한다. 특히 투자를 하거나 창업을 할 때 외부에 대한 믿음만으로 뛰어드는 경우가 많다.

하지만 어떤 일을 할 때 그 일이 잘될 확률은 정확히 반반이다. 아무리 시장 상황이 좋아도 수요와 공급의 원칙에 따라 전망이 밝은 일도 실패할 수 있고 가능성이 적은 일도 성공할 수 있다.

이처럼 외부 상황은 정확히 예측할 수 없는 부분이다. 우리가 할 수 있는 일은 그저 열심히 알아보고 조사해서 리스크를 줄이는 것뿐이다. 외부 상황은 통제할 수 없지만 리스크는 통

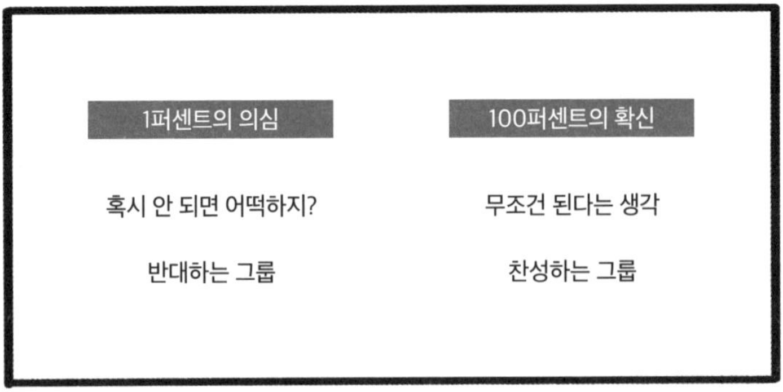

1퍼센트의 의심	100퍼센트의 확신
혹시 안 되면 어떡하지?	무조건 된다는 생각
반대하는 그룹	찬성하는 그룹

그림 6-6 확신의 힘

제 가능하다. 그러므로 시장이나 외부에 대한 믿음이 아닌, 오로지 나의 노력에 대한 믿음을 가져야 한다.

내가 부동산 투자를 처음 시작했을 때도 마찬가지였다. 부동산 가격이 오를지 내릴지에 대한 생각은 반반이었다. 누가 그걸 확신할 수 있겠는가. 부동산 가격은 여러 가지 변수에 의해 움직이고 통제할 수 있는 부분이 아니었다. 내가 할 수 있는 건 어떤 요인들이 더 가격에 영향을 미치는지 하나씩 밝혀내고 지역 임장을 통해 어느 곳이 더 살기 좋은지 살피는 일이었다.

시장 상황에 기대기보다는 할 수 있는 걸 했다. 그리고 그 노력은 배신하는 일이 없었다. 한 번 실력을 만들어두면 사라지지도 않았다.

가장 즐거웠던 순간은 투자로 돈을 많이 벌었을 때가 아니었다. 나도 이제는 스스로 좋은 투자처를 보는 눈이 생겼다는 걸 깨달았을 때다. 시작하기 전부터 내 노력을 강하게 믿어줬던 게 지탱하는 힘이 되었다. 노력을 믿다 보니 '혹시 안 되면 어떡하지?' 하는 생각은 더 이상 하지 않게 되었다. 가끔 세이노 그룹을 만나더라도 그들은 오직 외부 상황에 대해서만 떠들 뿐 노력에 대해서는 이야기하지 않았기 때문에 그들의 말을 무시할 수 있었다. 그렇게 나는 저항을 극복하고 언제든 새로운 시작에 뛰어들 수 있는 사람이 되었다.

당신도 이렇게 될 수 있다. 세이 예스 그룹을 가까이에 두고, 균형 시스템이 아닌 지배 시스템을 작동시키고, 스스로 쌓아올린 벽을 깨부수고, 자신의 노력에 대한 1퍼센트의 의심도 하지 않는다면 말이다.

당신의 변화를 가로막는 저항을 뛰어넘고 무력화시켜라. 그리고 지금 바로 당신만의 아웃풋을 시작하라.

- 1단계. 피라미드 밖으로 뛰쳐나가라
- 2단계. 성공의 사분면을 찾아라
- 3단계. 정체성을 발견하라
- 4단계. 세상을 향해 아웃풋하라
- 5단계. 넘버원이 아닌 온리원이 돼라

6단계. 저항을 완전히 무력화시켜라

1. 저항은 중력과 같은 것이다. 저항의 존재를 인정하되 실체를 알고 받아들여라.

2. 외부에서 발생하는 저항의 실체는 나를 걱정해주는 사람들이다. '세이 노' 그룹이 아닌 '세이 예스' 그룹을 찾아라.

3. 내부에서 발생하는 저항은 스스로 만드는 저항이다. 실체는 우리의 뇌에서 보내는 신호다. 뇌가 보내는 신호를 완벽하게 차단할 수는 없다. 저항 무력화의 법칙을 적용하여 한 걸음씩 나아가라.

4. 채우려고 하지 말고 먼저 비워라. 내가 하는 일을 모두 적어보라. 하지 않으면 큰일이 나는 일을 제외하고 나머지는 모두 지워라.

5. 시간을 정리정돈 하고 생산 활동에 쓸 수 있는 시간을 확보하라. 자투리 시간은 모아도 자투리다. 세 시간 이상 간섭받지 않고 온전히 내가 통제할 수 있는 시간표를 만들어라.

6. 목표를 세우지 마라. 목표는 그것을 어느 정도 잘하게 됐을 때 세우는 것이다. 이제 시작하는 사람은 목표가 아닌 정해놓은 시간에 그 일을 하는 시간 계획을 세워야 한다.

7. 나보다 잘하는 전문가를 보며 주눅 들지 마라. 한 걸음 먼저 나간 사람이 한 걸음 뒤에 있는 사람을 가장 잘 도와줄 수 있다고 믿어라.

8. 남들이 자신을 믿어주지 않더라도 스스로를 100퍼센트 믿어라. 자기 믿음은 자기 자신이 아닌 자신의 노력을 믿는 것이다. 나의 노력이 좋은 결과를 가져올 거라고 믿어라.

지금 당장 시작하라

대부분의 사람은 인풋에 중독돼 있다. 무언가를 배우려고 할 때는 관련 강의와 책부터 찾는다. 트렌드를 놓치지 않으려고 유명 인스타그래머를 팔로잉하고, IT 및 기술 트렌드를 알려주는 뉴스레터를 구독한다. 스스로 아무것도 만들지 못하면서 항상 무언가 배운다고 생각한다. 인풋의 저주다.

반면 어떤 사람은 타인이 원하는 것을 빠르게 아웃풋하며, 부족한 부분을 스스로 채워나간다. 완성된 지식이 아니더라도 나보다 모르는 사람을 위해 계속해서 관련 내용을 콘텐츠로 만들어낸다. 처음에는 완성도가 떨어졌을지 몰라도, 결국 이 사람은 전문가 수준의 지식과 결과물을 갖게 된다. 아웃풋의 마법이다.

이때 아웃풋을 대단한 것이라고 여기면 안 된다. 아웃풋은 어설픈 결과물이더라도 무언가를 스스로 만들어내는 행위다. '아웃풋 법칙'의 핵심이다. 이 책에서 소개한 피라미드의 개념, 성공의 사분면 찾는 법, 정체성 만드는 법, 아웃풋 법칙, 온리원의 법칙, 저항 무력화의 법칙은 당신이 좀 더 쉽게 아웃풋을 할 수 있도록 도와줄 것이다. 수십 번의 시행착오 끝에 알아낸 것이니 미리 숙지하면 나와 같은 실수를 반복하지 않을 수 있다.

하지만 이 모든 것들은 시작하지 않으면 무의미한 지식일 뿐이다. 첫째도 시작, 둘째도 시작, 셋째도 시작이다. 시작이 중요하다. 그렇다고 절대 조급해하면 안 된다. 하루빨리 실행해야 한다고 재촉하다 보면 금방 지치게 된다.

최근 1년간 내가 했던 일 중 타인에게 도움을 줄 만한 것이 무엇이 있었는지 생각해보자. 어떤 도움을 주었을 때 타인이 가장 좋아했는가, 내게 고마움을 표했는가 등. 그동안 상대방으로부터 받았던 피드백들이 그 힌트가 될 것이다. 아웃풋을 꾸준히 만들어내는 게 힘들고 비효율적이라고 느껴지더라도 계속하다 보면, 그제서야 타인의 니즈를 충분히 이해할 수 있다.

만약 1년 동안 특별히 한 일이 없다면 현재 관심 있는 분야를 살펴보며 차분히 생각해봐도 된다. 도움을 줄 대상을 특정

인, 혹은 특정 직업군으로 떠올리는 것도 좋다. 현재 부모님의 사소한 고민은 뭘까, 결혼식을 갓 올린 사람들의 가장 큰 고민은 뭘까 등 혹시 내가 그들에게 도움줄 부분이 있는지 살펴보는 것이다. 그 대상이 구체적일수록 아웃풋하기가 수월하다. 너무 크게 생각하지 말고, 아주 사소한 지점을 생각해보라. 아이디어가 중요한 게 아니라 제공받는 사람의 니즈가 명확해야 한다. 고민만 하기보다는 내뱉어야 한다. 그래야 정체성을 찾을 수 있다.

당신 내면에 꼭꼭 숨겨진 정체성을 누군가 대신 찾아줄 수는 없다. '돈이 되니 이것을 하세요', '이런 아이디어가 요즘 뜨고 있습니다' 등의 조언들은 전혀 도움이 되지 않는다. 어떤 직업을 가지고 있든, 어떤 학교를 나왔든 상관없이 누구에게나 자기만의 재능 한두 가지쯤은 있다. 지금까지 발견하지 못했을 뿐이다. 이를 믿고, 소비자의 눈이 아닌 생산자의 눈으로 세상을 바라보라. 당신이 할 수 있는 것들이 선명히 보일 것이다.

처음부터 정체성이 확실한 사람은 없다. 하나씩 내 것을 꺼내놓으면서 서서히 찾게 되는 것이다. 그러니 도저히 정체성을 모르겠다고 힘들어하지 않아도 된다. 일단 시작하고 가다 보면 알게 될 것이다.

아웃풋 법칙은 이해하기는 쉽지만, 막상 시작하려고 하면 참 어렵다. 생각보다 많은 시간을 내야 하고, 상당히 진행이 더디기 때문이다. 그러나 여태까지의 관성과 습관을 뚫고, 새로운 세계를 나아가는 일이 쉽다면 오히려 더 이상할 것이다.

이토록 힘든 여정에 들어서는 당신을 응원한다. 책 읽기에 그치지 않고, 그 길을 완주하려는 의지에 박수를 보낸다. 그것만으로도 피라미드 밖에서 살아갈 자격이 충분하다.

이 길은 쉽지 않겠지만, 그 끝에는 이전과 다른 삶이 기다리고 있다. 당신의 도전을 다시 한번 응원하며 피라미드 바깥에서 만나기를 기대한다. 그리고 기억하라.

시작이 계속 망설여지거나,
실행하다가 막히는 게 생길 때,
자꾸만 주저하게 될 때,
이 길이 맞는지 고민이 될 때,
그때 다시 이 책을 꺼내 읽어보라.

아웃풋 법칙을 적용하라.
아웃풋형 인간이 돼라.
삶 그 자체가 아웃풋이 돼라.
지금과 전혀 다른 인생을 살게 될 것이다.

참고 및 추천 도서

지금까지 읽은 훌륭한 책들에 담긴 이론적 토대가 있었기에 이 글을 쓸 수 있었다. 좋은 가르침을 주신 많은 저자분들에게 감사하다. 여러분도 필요하다면 목록의 책들을 읽으며 도움을 얻으면 좋겠다.

그러나 잊지 말자. 언제나 인풋보다 아웃풋이 중요하다는 것을. 독서라는 인풋에서 끝내지 말고, 꼭 당신만의 아웃풋을 만들기를 바란다.

부자 아빠의 투자 가이드 | 로버트 기요사키 저 | 민음인 | 2014

원씽 THE ONE THING | 게리 켈러, 제이 파파산 저 | 비즈니스북스 | 2013

부의 추월차선 | 엠제이 드마코 저 | 토트출판사 | 2022

제로 투 원 | 피터 틸, 블레이크 매스터스 저 | 한국경제신문사 | 2021

기브 앤 테이크 | 애덤 그랜트 저 | 생각연구소 | 2013

시작의 기술 | 개리 비숍 저 | 웅진지식하우스 | 2019

빠르게 실패하기 | 존 크럼볼츠, 라이언 바비노 저 | 스노우폭스북스 | 2022

나는 나에게 월급을 준다 | 마리안 캔트웰 저 | 중앙북스 | 2013

너 자신의 이유로 살라 | 루크 버기스 저 | 토네이도 | 2022

과감한 선택 | 제임스 알투처 저 | 세그루 | 2014

우리의 뇌는 어떻게 배우는가 | 스타니슬라스 드앤 저 | 로크미디어 | 2021

뇌, 욕망의 비밀을 풀다 | 한스-게오르크 호이젤 저 | 비즈니스북스 | 2019

백만장자 시크릿 | 하브 에커 저 | 알에이치코리아 | 2020

아웃풋 법칙

초판 발행 · 2023년 4월 28일

지은이 · 김재수(렘군)
발행인 · 이종원
발행처 · (주)도서출판 길벗
브랜드 · 더퀘스트
주소 · 서울시 마포구 월드컵로 10길 56(서교동)
대표전화 · 02)332 – 0931 | **팩스** · 02)322 – 0586
출판사 등록일 · 1990년 12월 24일
홈페이지 · www.gilbut.co.kr | **이메일** · gilbut@gilbut.co.kr

책임편집 · 정아영(jay@gilbut.co.kr), 유예진, 송은경, 오수영 | **제작** · 이준호, 손일순, 이진혁
마케팅 · 정경원, 김진영, 최명주, 김도현, 이승기 | **영업관리** · 김명자 | **독자지원** · 윤정아, 최희창

디자인 · studio forb | **교정교열** · 최진
CTP 출력 및 인쇄 · 금강인쇄 | **제본** · 금강인쇄

정가 18,800원

독자의 1초까지 아껴주는 길벗출판사

(주)도서출판 길벗 | IT교육서, IT단행본, 경제경영서, 어학&실용서, 인문교양서, 자녀교육서 www.gilbut.co.kr
길벗스쿨 | 국어학습, 수학학습, 어린이교양, 주니어 어학학습, 학습단행본 www.gilbutschool.co.kr